아이들과 함께하는
신나는 책 쓰기 수업

아이들과 함께하는

신나는 책 쓰기 수업

김점선 · 임지현 지음

에듀니티

아이들과 함께하는
신나는 책 쓰기 수업

초판 1쇄 발행　2019년 12월 16일
초판 2쇄 발행　2022년 1월 17일

지은이 김점선, 임지현
발행인 김병주
COO 이기택 **CMO** 임종훈 **뉴비즈팀** 백헌탁, 이문주, 김태선, 백설
행복한연수원 배희은, 박세원, 이보름, 반성현
에듀니티교육연구소 조지연 **경영지원** 박란희
편집부 이하영, 최진영
책임편집 박민주 **디자인** 블랙페퍼디자인

펴낸 곳 (주)에듀니티
도서문의 070-4342-6110
일원화 구입처 031-407-6368 (주)태양서적
등록 2009년 1월 6일 제300-2011-51호
주소 서울특별시 종로구 인사동5길 29 태화빌딩 9층
홈페이지 www.eduniety.net
페이스북 www.facebook.com/eduniety
인스타그램 www.instagram.com/eduniety/
　　　　　www.instagram.com/eduniety_books/
포스트 post.naver.com/eduniety
편집부 이메일 book@eduniety.net

문의하기

투고안내

ISBN 979-11-6425-042-4 (13370)
값은 뒤표지에 있습니다.

행복한 삶을 나누는 책 쓰기

읽고, 보고, 느끼고

"선생님, 그림책 읽어주세요."

국어 수업이 일찍 끝나자 아이들이 외친다.

"너희가 책 골라봐."

아이들이 앞다투어 '공지락 책방'으로 달려간다. 공지락 책방은 교실 한 편에 마련한 학급 책방이다.

"선생님, 이거요."

한 아이가 『수박이 먹고 싶으면』 그림책을 들고 간절한 눈빛을 보낸다.

용케도 아이와 내 마음이 통했다. 며칠 전 읽었던 『나무의 아기들』과 함께 읽어주고 싶었던 책이다.

그림책을 보고 이야기를 나누었다.

"얘들아, 수박을 먹고 싶으면 어떻게 해야 할까?"

"수박씨를 심어요."

쿵짝이 잘 맞는다. 학교에는 우리 반 텃밭이 있다. 텃밭에는 직접 심은 방울토마토, 고추, 상추, 호박이 자라고 있다. 우리는 곧장 텃밭으로 갔다. 호박 옆에 있는 수박 모종을 우리가 키우기로 했다.

"선생님, 노란 꽃이 피었어요."

"아기 수박이 너무 귀여워요."

"우와, 이게 수박인가봐요."

범우의 말에 모두들 아기 수박으로 몰려들었다. 수박 모종에서 넝쿨을 뻗고 꽃을 피우더니 조그만 수박 열매가 열린 것이다. 아이들도 나도 처음 보는 광경이었다.

아기 수박에게 '삼삼수박'이라고 멋진 이름을 지어주고 팻말을 만들었다. 우리는 아기 수박을 위한 시를 지어 낭독해주기도 했다.

"우리 수박 보러 가요. 너무 더워서 수박이 말라 죽을 수도 있어요."

중간 놀이 시간이 되면 아이들이 내 손을 잡아끌었다.

햇볕이 쨍쨍 내려쬐는 텃밭에 시원하게 물을 뿌려주고 수박과 수박 줄기를 살폈다.

"수박아, 내가 주는 물 먹고 쑥쑥 자라라."

꼬마 농사꾼들은 수박과 많은 이야기를 나누었다.

'텃밭에서 과연 수박이 클 수 있을까? 자라다 말면 아이들이 너무 실망할 텐데, 어쩌지.'

한편으로는 불안한 마음도 들었다.

아이들의 바람대로 수박은 주먹 크기에서 축구공만 한 크기로 잘도 자랐다. 아이들의 관심과 사랑을 먹고 쑤욱 자라는 듯했다.

"2주 정도 지나면 수박을 먹을 수 있겠는데."

아이들이 환호성을 질렀다.

그런데 생각지도 못한 사건이 벌어졌다. 삼삼수박이 감쪽같이 없어진 것이다. 아이들은 발을 동동 구르며 수박을 찾아다녔다. 범인은 4학년 형이었다. 실수로 줄기를 밟아 수박을 땄다는 것이다. 수확의 기쁨을 기대하고 있던 아이들은 몹시 실망했다.

다행히 우리가 키우던 수박 옆에 또 다른 작은 수박이 자라고 있었고, 우리는 소중히 몇 주를 더 키워냈다.

드디어 수박을 수확했다. 우리는 수박을 교실로 가져와 하루 종일 관찰했다. 수박에 관한 책도 보고 글도 읽고 그림도 그렸다.

뜨거운 여름날, 시원한 수박화채를 만들어 먹었다.

"수박이 자라서 맛있어 보였다. 화채로 해 먹어 맛있었다. 수박이 이렇게 맛있기는 오랜만이다. 화채 먹기에 좋은 날씨였다. 너무 맛있어서 배부르면 화장실에 갔다가 또 먹고 계속 먹었다."

민형이는 맛도 기분도 최고라며 엄지손가락을 세웠다.

아이들의 경험을 그림책에 고스란히 담자

몇 달 동안 수박을 키우면서 여러 가지 사건이 있었다. 학급 친구들과 함께 경험한 이야기는 훌륭한 이야깃거리가 되었다.

"우리 수박 그림책 만들어볼까?"

그림책 쓰기 수업은 국어 시간과 미술 시간을 연계해 진행했다.

아이들이 한 책상에 모여 앉아 머리를 맞대고 고민했다. 친구들과 수박을 키우면서 있었던 일을 이야기하며 어떤 글을 쓰고 어떤 그림을 그릴지 스토리보드를 작성했다. 아이들이 저마다 생각을 보탰다. 아이들은 자신의 경험과 생각을 그대로 글과 그림에 녹여냈다.

"주인공을 수박으로 하자."

"수박이 없어진 이야기를 쓰자."

A3 도화지에 16바닥의 그림을 그리기로 했다. 9명의 아이들은 스토리보드를 보며 장면을 나눠 그림을 그렸다.

글을 쓰고 그림을 얹어 아이들의 『삼삼수박이 자라면』이라는 그림책이

『삼삼수박이 자라면』 표지

탄생했다.

"수박 책을 만들기 위해 수박을 키워보았는데, 첫 번째 수박은 어떤 사람에게 밟혀 실패했다. 두 번째 수박은 잘 키워 성공했다. 수박 책의 내용은 우리가 수박을 키우는 과정이다. 마지막으로 수박화채를 만들어 먹었다. 우리가 책을 완성해 뿌듯하다."

"수박 키운 일을 책으로 만들 때 그림 그리기가 정말 재미있었다. 때로는 힘든 과정도 있었다. 나는 수박 꽃과 벌, 나비, 수박 줄기, 나뭇잎을 그렸다. 수박을 자세히 관찰할 수 있어 좋았다. 힘들었다. 하지만 책이 몽땅 만들어지자 정말 재미있게 읽었다. 참 재미있는 그림책이다. 가족과 함께 보고 싶다."

아이들은 완성한 책을 몇 번이나 읽어보며 좋아했다. 『삼삼수박이 자라면』은 학교 도서관에 기증하고 교육부에서 발행하는 잡지에도 실려 아이들은 진짜 작가가 된 듯 자부심을 느꼈다.

우리 아이들은 자라고 있다. 씨앗이 자라 열매를 맺고 꽃을 피우듯이 한 해 동안 자기만의 꽃을 활짝 피워냈다.

"얘들아, 너희는 행복하니?" 하고 묻자 교실이 떠나갈 듯 소리친다. 아이들의 소리가 교실 문을 지나 학교 담장을 넘어간다. 소소한 행복을 느끼는 법부터 이를 표현하고 서로 느끼는 과정이 아이들을 변화시켰다. 함께 살아가는 삶의 의미와 그 속에 담긴 즐거움을 알게 해주고 싶은 나의 작은 바람이 이렇게 조금씩 이루어지고 있다.

차례

4장

작가의 특급 비법 85

5장

실전! 책 쓰기 103

1장

책 쓰기를
시작하며

책을 쓰는 것은 쉬운 일이 아니에요. 책은 작가와 그 주변 사람들만 읽는 것이 아니기 때문이지요. 독자의 마음에 가닿는 글이어야 책으로 출판할 수 있죠.

그래서 일기나 문집을 만드는 것과 책 쓰기는 달라요. 일기나 문집을 만들 때에는 독자를 고려하지 않거나 비교적 덜 고려한다면, 책 쓰기를 할 때에는 독자를 전적으로 고려해야 하기 때문이에요.

독자를 고려한다는 것은 어떤 의미일까요? 그것은 타인이 공감할 수 있는 글을 쓴다는 거예요. 따라서 작가가 된다는 것은 단순히 글을 쓰기만 하면 되는 간단한 문제가 아니에요.

작가가 되려면

첫째, 타인의 마음을 읽는 공감 능력이 필요해요.

둘째, 같은 사건도 다른 시선으로 보는 비판적 사고 능력이 필요해요.

셋째, 발상의 전환을 일으킬 수 있는 상상력과 창의력이 필요해요.

넷째, 자신이 하고 싶은 말을 제대로 전할 수 있는 표현력이 필요해요.

다섯째, '나', '너', 사회문제에 대한 깊은 통찰력이 필요해요.

여섯째, 무거운 주제를 이야기화하는 재치와 위트가 필요해요.

그렇다면 아이들이 작가가 될 수 있을까요?

답은 당연히 "네"예요. **누구나 작가가 될 수 있어요.**

앞에서 한 말과 반대되는 말처럼 들릴 수도 있지만 사실이에요. 문학은 인간의 삶을 떠나서는 탄생할 수 없어요. 삶을 살아가는 사람이라면 누구나 작가가 될 수 있다는 거죠. 자신의 삶을, 타인의 삶을, 인간의 집합체인 사회의 패턴을 들여다보는 안목이 생긴다면 누구나 작가가 될 수 있어요.

그렇다면 아이들이 작가가 된다는 것은 어떤 의미인지 생각해볼까요.

글 몇 편을 모아 책을 내는 것에 의미를 두어야 할까요?

글 몇 편을 모은 것을 책이라는 형식으로 인쇄를 하면 작가가 되는 걸까요? 그것은 비싼 인쇄 방식을 선택한 문집에 불과해요.

책 쓰기에 대한 오해를 몇 가지 짚어볼게요.

오해 1 글에 삽화만 얹으면 책이 된다.

오해 2 책이라는 형태의 결과물에 치중한다.

오해 3 책을 내기만 하면 작가가 된 것이다.

현장에서 책 쓰기 활동은 드물게 이루어지고 있어요. 책을 내기만 하면 '어린이 작가'라는 별칭을 붙여주지요.

다시 스스로에게 질문을 던져볼까요.

작가가 된다는 것은 무엇일까?

작가의 마음이 되어보는 것이 아닐까?

작가처럼 관찰하고, 발견하고, 작가처럼 자신과 타인과 세상을 바라보고, 자신의 언어로 표현해보는 과정을 겪어보는 것이 아닐까?

시대의 슬픔을 노래한 시 「별 헤는 밤」을 쓴 윤동주 시인처럼, 우리 삶의 터전의 숨결을 담은 소설 『토지』를 쓴 박경리 작가처럼, 아이의 시선으로 바라볼 줄 아는 그림책 작가 앤서니 브라운처럼. 작가가 된다는 것은 이처럼 또 다른 삶의 철학을 갖는 거예요. 따라서 학생들에게는 결과물로서 창작 책 한 권을 만들어내는 것보다 창작 과정에서 스스로 작가의 마음을 가져보려는 노력이 필요해요.

쉬운 과정은 아니지만 책 쓰기가 의미 있는 것은 '작가가 되려면' 필요한 요소들 때문이에요. 아이들이 책을 써나가는 동안 표현력이 향상될 뿐만 아니라 자기 자신을 만나고, 타인을 만나고, 세상을 볼 줄 아는 안목을 기를 수 있어요.

그렇기 때문에 책 쓰기 프로젝트는 **'가장 적극적인 독서 교육이자 삶 교육'**이에요. 다만 하루아침에 작가가 될 수 없듯이, 책 쓰기를 위해서는 순환 학습이 필요해요. '순환'이라는 단어를 사용한 것은 1단계, 2단계와 같이 단계가 있는 것이 아니라 지속적인 피드백을 거치는 순환 학습 구조 속에서 책 쓰기 역량을 기를 수 있다는 의미예요.

다시 말해 '나, 너, 세상 관찰하기, 생각 키우기, 주제 정하기, 스토리보드 짜기, 책 쓰기'라는 과정이 단계적으로 진행되기보다는 순환 구조 속에서 지속적인 피드백을 바탕으로 이루어져야 한다는 뜻이에요.

이 책에서는 '나', '너', '세상' 관찰하기를 통해 생각 기르기, 창작 단계 알기, 창작 비법뿐만 아니라 감정 그림책, 가족 그림책, 생태 그림책, 한 권 읽기와 연계하여 생각을 담은 책, 그림책 비틀기를 통한 책 쓰기, 성장 플롯에 바탕을 둔 스토리 쓰기 등 다양한 실전 도구를 다루고 있어요.

다소 어려운 책 쓰기 과정을 선생님들이 쉽고 재미있게 지도할 수 있도록 여러 가지 창작 팁을 공개할 거예요. 이 책 곳곳에 불쑥불쑥 등장하는 깜짝 비법을 놓치지 마세요.

그럼 지금부터 신나는 책 쓰기 수업을 시작해볼까요?

2장

책 쓰기
밑다짐

1

'삶'이라는 재료 준비

1 '나' 들여다보기

초보 작가에게 처음부터 이야기 소재를 밖에서 찾으라고 하면 무리예요. 다시 말해 사회문제, 인류 문제 등에서 글쓰기 소재를 찾기는 어렵다는 뜻이에요. 먼저 자신을 살펴보는 일에서 시작하면 조금 쉬워요. '나'부터 시작해서 범위를 넓혀가며 세상을 보는 안목을 키우는 거예요. 그래서 '나' 들여다보기는 자신에 대해 좀더 깊이 이해하고 알아가는 활동이라고 할수 있어요.

문학은 삶과 동떨어져 있지 않아요. 문학은 우리의 일상과 삶을 그대로 닮은 것이거든요. 그렇다면 '나'의 삶에서 이야깃거리를 찾아낼 수 있겠지요.

인문학적 생각의 가장 기본이 되는 질문 중 하나는 '나는 누구일까?'이므로, '나'를 들여다보는 활동은 생각을 바탕으로 책을 쓰는 데 밑다짐이 될 수 있어요.

자, 이제 '나'라는 재료 준비부터 시작해볼까요?

활동지를 만들어 아이들에게 나누어 주었어요. 활동지는 『철학하는 어린이』, 『나는 누구일까요』, 『칸트 키즈 철학동화』를 참고하여 아이들 수준에 맞게 재구성했어요.

다음으로 머릿속 감정 조절 본부에 살고 있는 다섯 감정, 까칠이, 버럭이, 기쁨이, 슬픔이, 소심이를 꺼내봐요. '나'는 언제 까칠해지는지, 언제 화가 버럭 나는지, 그 화는 어떻게 하면 누그러드는지, 꼬리에 꼬리를 물고 여러 가지 감정들을 쫓아가봐요.

영화 〈인사이드 아웃〉에서는 감정의 다양한 변화를 머릿속 감정 컨트롤 타워로 이미지화해서 마치 머릿속에 감정을 담당하는 캐릭터들이 살고 있는 것처럼 그려냈어요. 기발한 발상이죠. 요즘에는 많은 사람들이 감정을 이모티콘으로 표현

활동지를 만들어서 하면 아이들이 나중에 다시 꺼내서 볼 수 있고, 생각의 변화 과정을 눈으로 보고 직접 느낄 수 있어서 좋아요. 자신의 감정을 되돌아보는 것은 자신이 겪었던 경험을 꺼내는 것과 마찬가지예요. 경험을 꺼내는 것은 글감 찾기에 많은 도움이 되지요.

하곤 하는데, 감정의 컨트롤 타워를 생각해낸다는 것은 발상의 전환이에요.

'나' 들여다보기 활동

도서관과 서점에 가보면 수많은 책들이 꽂혀 있는데 '나'의 책이 이 세상에 나와야 하는 이유는 뭘까요? 책 쓰기를 지도하면서 아이들에게 항상 마음속으로 이 질문을 던져보라고 말해요.

비슷한 책이 또 나올 필요는 없겠죠? 그러니 발상의 전환이 필요해요. 기발한 생각을 하기 위해서는 훈련이 필요하지요. 창의성 교육이 하나의 영역을 차지하는 것처럼요.

'나'라는 소재로 책을 쓴다고 가정해볼까요? '나'의 장점과 단점을 그저 나열한다면 자기 소개서와 다를 바 없어요. '나'의 신체 일부분이 된 것처럼 상상하며 써보면 어떨까요? 예를 들어 "나는 ○○의 엉덩이에 살고 있는 점이에요"라며 검은 점의 입장에서 주인의 특징을 써보는 거예요. 엄지손톱을 물어뜯는 습관이 있는 아이라면 엄지손톱의 입장에서 주인에 대한 특징을 드러내 써보면 이야기가 좀더 신선하게 흘러가지 않을까요?

여기서 잠깐!

책 쓰기 준비운동 정도로 생각하고, 자신의 신체 부위 중 한 곳을 주인공으로 해서 자신의 이야기를 써보도록 해요.

아직 본격적으로 책 쓰기에 들어가지 않았으니 A4 용지를 접어 6컷 정도의 짤막한 이야기로 작성해보는 거예요. 다음은 한 학생이 자신의 '눈'의 입장에서 쓴 스토리예요.

자신의 눈이 되어 주인을 소개하는 스토리

① 끔벅끔벅 닫고 싶어.	② 우리 주인은 휴대폰 게임을 할 때에는 절대 나를 닫지 않아.	③ 빨갛게 달아오르고 있어. 곧 눈물이 나오려 해.
④ 그래도 우리 주인은 나를 닫지 않아. 절대!	⑤ 순식간에 적에게 공격당할까 봐 말이지.	⑥ 책을 읽을 때에는 그렇게 금방 나를 닫아버리더니. 우리 주인 참 희한하지.

스토리를 짤 때에는 '동심천사주의'에 빠지지 않아야 해요. 동심천사주의는 아이다움이란 투명한 유리알처럼 선하고 순수하다고만 생각해서 주인공을 마냥 천사처럼 그려내는 거예요. 세상에 그저 착하기만 한 사람은

없답니다.

어른이 되기 싫어하는 피터 팬처럼 규율을 싫어하는 주인공도 있고, 『양파의 왕따일기』에서처럼 아버지 직업을 속이는 아이도 있고, 친구를 괴롭히는 아이도 있어요. 『마틸다』에서 마틸다처럼 부모에게 벌을 주는 아이 등을 떠올려보세요. 모두 마냥 천사 같은 인물은 아니에요. 동심천사주의에 빠지면 글이 따분해지고 현실과 괴리감이 느껴져요. 도덕 교과서에 나오는 이야기를 읽는 기분도 들 거예요.

또 아이들이 스토리를 짤 때 교사가 "그건 안 돼", "이렇게 해야지", "그런 소재는 안 돼" 등 아이들의 발상을 제한하는 것은 피하는 게 좋아요.

'나'를 소재로 글을 쓸 때에는 '나'의 장점보다는 결점을 소재로 하면 독자들이 읽으면서 더욱 공감할 수 있어요. 독자들은 책을 읽으면서 공감하고 싶고, 위로받고 싶고, 웃고 싶어 하거든요. 그래서 아이들을 지도할 때 자신의 결점이 글의 좋은 소재가 될 수 있다고 이야기해줍니다.

『아드님, 진지 드세요』라는 책에서는 반말 대왕 범수가 주인공이에요. 만약 범수가 높임말을 잘 사용하는 아이라면 주인공으로서 매력이 있을까요? 스토리를 길게 끌고 갈 수도 없을 거예요. "범수는 어른을 공경하고 높임말을 잘 사용합니다." 한 문장이면 이야기가 끝나겠지요? 범수가 반말 대왕이고 언어 습관이 나쁜 아이이기 때문에 독자들이 범

동심천사주의에 빠지는 것뿐만 아니라 소재와 주제를 제한하지 않도록 주의하세요. 제약을 두는 순간 창의적인 발상도 함께 날아가버려요.

수에게서 자신의 모습을 발견하고 책의 스토리에 몰입하게 되거든요.

『스파이더맨 지퍼』에 등장하는 무정이는 숙제도 하기 싫고 친구들과 노는 것도 귀찮은 아이예요. 선생님과 친구의 말에도 무기력하게 "싫어요"라는 말만 하다 급기야 스파이더맨 지퍼를 잠그죠.

이처럼 스토리를 이끌어가는 주인공에게는 커다란 결점이 있어요. 그 결점으로 인해 사건이 발생하고, 그 사건을 해결하는 과정을 통해 결점을 극복한다는 것이 '성장 플롯'이에요.

〈인사이드 아웃〉의 스토리 구조도 성장 플롯을 따르고 있고, 『양파의 왕따일기』, 『칠판 앞에 나가기 싫어』, 『착한 음식점 감별 경찰, 프로드』 등 많은 이야기가 성장 플롯을 사용하고 있어요. 아이들에게 플롯이 무엇인지, 성장 플롯의 구조에 대해 알려줄 필요는 없어요. 성장 플롯에 대해 설명해주면 아이들은 책 쓰기에 관한 전문 지식을 한 가지 얻게 될지 모르지만, 책 쓰기를 따분한 공부로 느끼게 될 수도 있거든요. 하지만 교사는 알아두면 지도하는 데 큰 도움이 됩니다.

플롯은 작품에서 사건의 배열이라고 생각하면 돼요. 원인과 결과를 박진감 넘치게 연결하여 스토리를 구성하는 것이라고 보면 쉬울 거예요.

성장 플롯을 이용한 책 쓰기는 5장 '실전! 책 쓰기'에서 더 자세히 다룰 거예요.

아직은 책 쓰기의 시작 단계이니 결점을 이용한 학급 단체 책 쓰기를 해볼까요? 요즘에는 컴퓨터를 켜면 원하는 것을 쉽게 구매할 수 있어요. 인터넷 쇼핑이 그만큼 우리 생활과 밀접해진 것이죠. 그래서 마치 인터넷 쇼핑몰처럼 '결점을 파는 쇼핑몰'이라는 컨셉으로 책을 만들어봤어요. 학생마다 하나의 결점을 상품으로 준비해서 써보면 돼요. 그것을 모아서 묶어내면 한 권의 책이 되지요.

다음은 학생 작품 예시예요.

'결점을 파는 인터넷 쇼핑몰'을 컨셉으로 책 쓰기

WWW. 장바구니 글·그림 결점쟁이	상품: 가격: 모델 착용 모습 제품 특징: 배송비: ※상품 태그 제거 시 반품, 환불 불가

이번에는 '나'를 소재로 글을 쓸 때 인문학적 생각과 연결해보는 방법을 살펴볼게요. 소크라테스의 "너 자신을 알라"는 누구나 한 번은 들어봤을 거예요. 이 말에서 '너'는 '나'의 상대 개념으로, 타자이기보다는 소크라테스 생존 당시 시대적 상황을 고려했을 때 '자연과 대비되는 인간'으로 해석된다고 해요. 자연현상과 대상을 탐구하는 데 몰입하기보다는 인간의 정신에 대해 생각해봐야 한다는 일침이지요. 즉 '인간을 알라'라는 의미로 풀어볼 수 있어요. 우리는 호모 파베르^{Homo faber}, 호모 폴리티쿠스^{Homo politicus}, 호모 루덴스^{Homo ludens} 등의 말로 인간을 동물과는 다른 특징을 지닌 존재로 구분해오고 있어요. 여기서 몇 가지 의문이 들어요.

질문 1 인간이 동물과 다른 특징을 지닌다고 해서 동물보다 우위일까요?

질문 2 "인간답게 살아라"에서 '인간답게' 산다는 것은 무엇을 뜻하는 걸까요?

'질문 1'은 생태 그림책으로 연결할 수 있고요, '질문 2'는 철학 그림책으로 연결할 수 있어요.

다음은 위의 두 질문에 대해 토론하고 써 내려간 학생 작품이에요.

인간아! 글·그림 정○○	아빠가 회사를 그만두고 마늘 농사를 짓기 시작했을 때부터 엄마는 아빠를 이렇게 부른다. "이 인간아!"	아빠는 흙냄새가 좋단다. 아빠는 땀 냄새가 좋단다. 아빠는 검게 그을린 얼굴이 좋단다. 이제야 인간답게 사는 것 같단다.

자의 반 타의 반으로 귀농하게 된 아빠의 모습을 통해 '인간답게 사는 것은 무엇일까'라는 질문을 던지며 창작을 한 학생의 작품 중 일부예요. 이처럼 '나'에 대한 질문이 '인간다움'으로, '인간다움'에 대한 고민이 '행복한 삶'으로 확장되어갈 수 있어요.

책 창작은 결과물에 의미가 있는 것이 아니에요. 창작 과정을 통해 많은 생각을 하기 때문에 의미가 있어요. 다른 말로 '성찰의 힘'을 기를 수 있는 것이죠.

2 '너' 들여다보기

제임스 캐머런의 영화 〈아바타〉에 나오는 나비족의 인사말은 "I see

you" 즉 "나는 당신을 봅니다"예요.

한 보험 회사 광고에 범인과 형사의 추격전 장면이 나와요. 형사가 범인을 쫓기 위해 차에 막 올라타려던 사람의 차를 재빠르게 빌려가지요. 차 주인은 급작스러운 상황에 황당해해요. 형사와 악당은 도로에서 추격전을 벌여요. 그때 내레이션이 흘러요. "모두가 주인공을 볼 때 우리는 당신을 봅니다"라고요. 그리고 차 주인을 클로즈업하지요.

〈아바타〉에서 "당신을 봅니다"는 당신의 겉이 아니라 내면을 본다는 뜻이에요. 보험회사 광고에서 "당신을 봅니다"는 주류가 아닌 소외된 당신을 책임지겠다는 뜻이에요.

그럼 이 장에서 다룰 '너' 들여다보기는 무엇일까요. 빛 뒤에 숨겨진 어둠을 보고, 어둠 뒤에 숨겨진 빛을 보는 눈을 갖게 하자는 것이에요. 그래서 작고 소외되고 연약해 한쪽 구석에 내몰려 있는 무언가를 찾아내자는 것이지요.

유은실 작가의 『나도 예민할 거야』에서 '정이'는 전혀 예민하지 않은 아이예요. 예민한 오빠가 있을 뿐이죠. 가족 모두가 예민한 오빠한테 더 신경을 써요. 오빠한테만 관심과 사랑을 쏟아붓는 것 같아서 정이는 예민해지기로 결심해요.

『나도 예민할 거야』

짧은 문장이 박진감 있게 이어지면서 정이라는 캐릭터의 매력을 잘 살려낸 이야기예요. 읽는 내내 웃음이 나오는 유쾌한 책이죠.

그러면 『나도 예민할 거야』로 어떻게 '너' 들여다보기를 할 수 있을까요?

'목소리 큰 사람이 이긴다', '방귀 뀐 놈이 성 낸다'라는 속담이 있어요. 속담의 사전적 의미는 예로부터 민간에 전해 오는 쉬운 격언이나 잠언이지요. 즉 예로부터 민간인들 사이에서 경험이 누적되어 합리성을 얻어낸 행위라고 볼 수 있어요. 영국의 철학자 데이비드 흄 David Hume

> 인문학적 생각을 다룬다고 해서 무겁고 딱딱하고 어려운 책을 생각하지는 마세요. 어린이를 대상으로 하는 문학은 재미라는 요소를 간과해서는 안 된다는 점을 명심하세요.

의 이론이 이를 뒷받침해줘요. 그에 의하면, 경험을 통해 얻은 원인과 결과가 반복되면서 관습이 되는데, 이는 이성에 바탕을 둔 입증에 의한 것이 아니라 일종의 경험을 바탕으로 생긴 믿음 같은 것이라고 말했어요. 예를 들면, 새가 낮게 날면 비가 온다는 것이 지식이 되는 것은 그런 경험이 반복되어 인과관계를 형성했기 때문이라는 것이지요.

다시 본론으로 돌아가보면, 우리는 일상 경험에서 목소리가 큰 사람을, 일단 우기고 보는 사람을, 예민한 사람을 더 조심해야 한다는 것을 숙지하게 되었다는 거예요. 목소리가 작은 사람, 우기지 않고 참는 사람, 예민하지 않은 사람이 오히려 차별을 받게 되는 셈이지요.

그래서 우리는 '너' 들여다보기에서 한쪽으로 밀려나 있는 '너', 목소리가 작은 사람, 우기지 않고 참는 사람, 예민하지 않은 사람을 찾아 온전하게 바라보기를 해요.

권정생 작가의 『강아지똥』에서 강아지똥에 초점을 맞춰 이야기를 풀어나가듯이 말이죠.

똥 중에서도 가장 쓸모없다며 자신의 신세를 한탄하며 울고 있는 강아지똥에게 민들레가 "그런데 한 가지 꼭 필요한 게 있어. 네가 거름이 돼줘야 한단다"라고 말한 것처럼요. 작가는 민들레처럼 절망에 빠져 움츠리고 있는 작은 것을 찾아내야 해요.

> 불편한 진실이 앞에 있을 때 눈을 감는다고 해서 사라지지 않지요. 아이들과 세상의 어둠에 대해 진솔하게 이야기를 나누는 시간이 필요해요. 어둠은 빛의 또 다른 면이니까요. 책의 형식을 정해두지 마세요. 줄글을 선호하는 아이는 이야기책으로, 그림을 곁들인 형식을 선호하는 아이는 그림책을 쓰면 됩니다.

권정생 작가는 "왜 아이들이 읽는 동화인데 『강아지똥』같이 어두운 이야기를 쓰셨나요?"라는 질문에 이렇게 대답했다고 해요.

"그게 진실이기에 아이들에게 감추는 것만이 대수는 아니지요."

3 세상 들여다보기

세상을 들여다본다는 것은 독자를 고려한다는 거예요. 앞에서도 언급했듯이 문집이나 일기는 자기 자신 또는 주변 사람들로 독자의 범위가 한

정된다면, 책은 불특정 다수가 공감할 수 있어야 해요.

불특정 다수가 공감하는 글을 쓰려면 독자를 잘 알아야 해요. 독자를 잘 안다는 것은 독자가 놓인 상황을 잘 파악하고 있어야 한다는 뜻이에요.

독자의 상황을 잘 파악하려면 자신과 동시대에 살고 있는 독자의 관심사, 고민, 시대적 문제 등을 알아야 해요. 예를 들어 초등학생을 독자로 설정해서 글을 쓴다면, 요즘 초등학생들이 무엇을 좋아하고, 무슨 놀이를 즐기며, 무엇 때문에 친구와 다투고, 무엇을 싫어하고, 무엇을 하며 시간을 보내며, 무엇이 고민인지 등에 대해 먼저 조사해서 알고 있어야 한다는 것이죠. 독자의 상황을 파악하면 글의 소재와 주제를 정하기가 한결 쉬워요.

'판매를 위한 책을 쓰려는 게 아닌데 독자층을 고려해야 할까?' 하는 의문이 들 거예요. 쓰려는 책이 판매용인가 비매품인가는 중요하지 않아요.

독자를 고려해보는 것은 자기만의 글이 아닌, 공감대를 형성할 수 있는 글을 써보는 과정이에요. 공감대 형성을 위해 고민하면서 세상을 읽는 힘을 기를 수 있거든요. 다시 말해, 종이와 펜이 이루어내는 문학의 힘을 느껴보게 하는 것이지요.

우에다 요시코의 『모르는 척』이라는 작품을 볼까요. 친구가 따돌림을 당해도 모르는 척할 수밖에 없었던 한 소년의 마음 변화를 다룬 장편 그림책이에요.

학교 폭력이 일어날 때 가해자와 피해자가 소수라면 그것을 묵인하는 방관자는 다수이지요. 부정하고 싶지만 그게 현실이에요.

그래서 이 책은 '다수의 방관자도 가해자가 아닐까?'라는 질문을 던지며 학교 폭력 문제를 검은색과 하얀색만으로 이루어진 삽화로 풀어냈어요.

작가는 다수의 방관자를 독자로 설정해 우리 또한 가해자라는 주장을 스토리에 담아냈어요. 글의 양이 많지 않고 삽화에 화려한 기교가 들어가지도 않았지만, 이 책을 읽는 독자라면 자신이 방관자라는 생각이 들어 읽는 내내 이야기에서 자유로울 수가 없어요.

세상을 본다는 것은 이처럼 울림이 남는 스토리를 쓰는 힘을 기르는 것이 아닐까요?

이번에는 하세가와 요시후미의 『내가 라면을 먹을 때』라는 작품을 살펴볼게요.

내가 라면을 먹을 때
방울이는 옆에서 하품을 해요.
방울이가 하품을 할 때
이웃집 미미는 티비를 보고요.

'나'로 시작해 이웃집, 이웃 마을, 이웃 나라까지 시선이 옮겨가요. 이야기는 이웃 나라의 소를 모는 남자아이, 빵을 파는 아이, 쓰러져 있는 남자

『모르는 척』 　　　　『내가 라면을 먹을 때』 　　　『생명의 무게』

아이에게까지 닿아요. 그 위에 '내'가 라면을 먹을 때 창문으로 들어온 바람이 쓰러져 있는 남자아이 위로 불어가죠.

　문장은 간단해요. 마치 끝말잇기라도 하듯 반복되는 문장으로 이어지지요. 하지만 그림과 글의 범위는 더 멀리 뻗어나가요. 그리고 생각할 거리를 많이 남기지요. 같은 순간에 다른 삶을 살고 있는 내 또래 아이들의 모습을 보여주며 '우리는 지금 안녕한가?'라는 질문을 던져보게 해요.

　류일윤 작가의 『생명의 무게』라는 책을 살펴볼까요. 석가모니가 보리수 아래에서 수양을 하고 있었어요. 산새 한 마리가 아귀에 쫓겨 날아왔어요. 석가모니는 산새에게 자신이 지켜주겠다고 약속했죠. 아귀는 석가모니에게 산새의 무게만큼 살을 내어주면 산새는 살려주겠다고 했어요. 그리고 양팔 저울을 내밀었죠. 석가모니는 한쪽 허벅지 살을 베어 아귀가 내민 저울에 올렸어요. 그러나 산새가 놓인 쪽이 한참 기울어 있었어요. 그래서 석가모니는 다시 다른 쪽 허벅지 살을 베어 저울에 올렸어요. 그래도 산새가 놓인 접시 쪽이 기울어 있었어요. 석가모니는 잠시 생각에 빠지더니 몸을 일으

켜 저울 위에 올라앉았어요. 그러자 산새가 놓인 접시와 수평이 되었죠.

동물 학대, 반려동물 유기, 콧구멍에 빨대가 끼어 생명이 위험한 바다거북 이야기, 주택가에 넘어온 멧돼지 사살 등 동물과 관련된 사건을 자주 접하게 되지요.

말 못하는 짐승이라고 함부로 대해서는 안 된다는 선조의 가르침이 무색할 정도로 그 잔혹성이 점점 심해지는데요. 『생명의 무게』를 읽으며 '약육강식의 피라미드 구조 속에서 인간이 동물 위에 존재하는가', '존재한다는 것은 무엇인가'라는 질문을 던져볼 수 있어요.

39쪽 표는 학생이 세상 보기 활동을 통해 만든 책의 일부분이에요.

질문이 사라진 교실이라는 영상을 보고 아이가 생각해낸 이야기예요. 1학년부터 6학년 때까지 자신의 모습을 캐리커처로 그려 삽화를 넣었어요. 주인공의 입이 1학년 때에는 쩍 벌어져 있고 눈이 반짝이는데, 학년이 올라갈수록 입과 눈을 닫아버리는 모습을 통해 '왜'라는 질문이 사라질 수밖에 없는 교실의 문제점을 학생의 시선에서 다루었어요.

이처럼 세상 들여다보기는 책 쓰기에 깊이를 더해주는 활동이에요. 그림책, 동화책, 신문 기사, 영상물, 그림, 음악 등 어떤 것을 통해서나 세상 들여다보기 활동이 가능해요.

우리가 의식하지 않고 살아가는 세상의 문제를 아이들에게 알려주세

| **'왜'를 먹는 돼지**

글·그림 궁금이 | "별이 하늘에서 사라지면 어떻게 돼요?"<br>"꿀꺽!"<br>"초등학교는 왜 6년 동안 다녀야 해요?"<br>"꿀꺽!"<br>"과학 실험에 왜 생물을 사용해야 해요?"<br>"꿀꺽!"<br>"방학 때도 왜 숙제를 해야 해요?"<br>"꿀꺽!" | "너희들
왜
질문을 안 하니?"

"……." |

요. 그만큼 아이들은 책 속 스토리에 철학을 담게 돼요.

세상 들여다보기에 어떤 텍스트를 제공할지 고민된다면 'EBS 스쿨랜드'와 '지식채널'을 참고하세요.

2

스토리 속 구성 요소 탐색

1 스토리 라인에 숨은 비법

동화책이나 그림책의 스토리를 분석해보면서 스토리 라인을 어떻게 짜는지 알아보는 시간이에요. 정해진 틀에 맞추려는 것은 아니에요. 오래전 인간이 의사소통을 시작한 이래 이야기는 전해지고 고쳐지는 과정을 수차례 반복해왔어요. 그러면서 맛깔스러운 이야기로 자리 잡아가지요. 맛깔스러운 이야기를 분석해보면 반복되는 구조가 있어요. 그 맛깔스러운 스토리를 살펴보면서 이야기에도 리듬이 살아 있고 기묘한 법칙들이 있다는 것을 감각적으로 느껴볼까요?

학교 현장에서 많은 선생님이 '그림책 읽기'를 하고 있어요. 여러 주제와 영역에 쉽고 재미있게 다가갈 수 있고 읽기 후에는 만들기, 그리기, 놀이 등 다양한 활동을 연계하기도 해요. 글과 그림으로 구성되어 있어 아이들이 좋아하기 때문에 교육 현장에서 빠르게 자리 잡았어요.

'그림책 읽기'는 글에 초점을 두기보다는 그림 읽기나 연관된 활동에 더 초점을 두고 진행되고 있는 편이에요. 그림책은 그림이 차지하는 비중이 크고, 그림을 보지 않고 글만 읽으면 온전히 감상할 수 없기 때문이지요. 글이 전혀 없는 그림책이 가능한 이유도 이 때문이에요.

이에 반해 그림동화책과 동화책은 그림 없이 글만 읽어도 온전히 감상할 수 있어요. 삽화는 책 읽기를 조금 더 재밌게 해주는 보조 장치와 같아요. 특히 동화책 삽화에 대한 의견은 조금 나뉘어요. 삽화가 지나치게 많으면 상상력을 저해한다고 보는 입장도 있고, 요즘 아이들은 미디어 세대여서 글만 있는 책은 읽기 힘들어하므로 삽화가 더 많아야 한다는 입장이 있죠. 그림책이 시의 구조에 가깝다면, 그림동화와 동화책은 이야기 구조를 갖춘 장르라고 생각하면 될 것 같아요.

여기서는 그림책, 그림동화, 동화책을 고루 다루면서 스토리 라인을 감각적으로 느껴보려고 해요.

> 그림책, 그림동화, 동화를 구분 짓는 것은 아이들에게는 무의미해요. 자신의 스토리에 맞는 형식을 선택하면 돼요.

존 버닝햄의 『지각대장 존』이라는 그

림책을 살펴볼게요. 이 책은 그림과 함께 봐야 온전히 감상할 수 있어요.

『지각대장 존』

왜일까요? "존 패트릭 노먼 맥헤너시는 학교에 가려고 집을 나섰습니다." 이것이 첫 장에 나오는 유일한 문장이에요. 이 문장이 반복해서 나와요. 시간적 배경은 언급하지 않았지만 삽화를 보면 학교에 가는 시간이 점점 빨라져서 존이 지각을 하지 않으려고 애쓰는 모습이 느껴지지요. 이처럼 그림책은 그림의 역할이 70퍼센트, 글의 역할이 30퍼센트 정도 된다고 생각하면 돼요.

『지각대장 존』의 스토리 라인을 감각적으로 느껴보세요.

지각 이유	존의 상태	반성하는 문장 횟수(벌)
하수구에서 악어가 나타남	장갑을 잃어버림	300번
덤불에서 사자가 나타남	바지가 찢김	400번
강에서 거친 파도가 일어남	흠뻑 젖음	500번

스토리는 존이 지각한 이유와 선생님이 벌로 내린 반성문 쓰기가 인과관계로 이어져요. 그리고 벌이 점점 늘어나요. 세 번 지각하고 세 번 벌을 받는 것이 반복되지요. 우연일까요? 스토리 구성에 인과관계, 사건 심화, 삼세번의 법칙이 있다는 것을 알면 놀라울 거예요. 이 그림책에는 그 법칙들이 잘 녹아 있어요.

스토리 라인은 기-승-전-결, 처음-중간-끝, 발단-전개-절정-결말 등 여러 가지 방법으로 파악해볼 수 있는데요. 모두 말만 다르지 같은 의미이니, 가장 간단한 처음-중간-끝으로 살펴볼게요.

삼세번의 법칙, 인과관계, 사건 심화는 잘 짜인 스토리를 만드는 비법이에요.

앤 위트포드 폴Ann Whitford Paul이 『그림책 쓰기의 모든 것』에서 제안한 3막 구조를 살펴볼까요. 1막(처음)-2막(중간)-3막(끝)의 구조로, 1막과 3막은 짧아요. 1막에는 독자의 호기심을 끌 만한 강렬한 한두 문장이 필요하고, 3막에는 짧지만 반전이 있는 결말이 있어야 한다고 생각하면 돼요. 가장 많은 비중을 차지하는 2막에서는 인과관계로 이루어진 사건이 세 번 정도 반복되면서 사건을 심화시키면 되는 것이죠.

처음	주인공이 학교에 가려고 나선다.
중간	세 번의 사건(지각-벌)이 반복, 심화된다.
끝	선생님이 고릴라에게 잡혀 천장에 매달려 있다.

이 그림책의 첫 장에는 딱 한 줄 "존 패트릭 노먼 맥헤너시는 학교에 가려고 집을 나섰습니다"가 있어요. 집을 나섰다는 말에서 앞으로 무언가 대단한 사건이 벌어질 것 같다는 기대를 품게 하죠.

이 그림책의 끝에서는 존이 귀여운 복수를 합니다. 존의 말을 그동안(세 차례) 믿지 않은 선생님이 털복숭이 고릴라에게 잡혀 천장에 매달려 있어요. 선생님은 존을 보자마자 구해달라고 소리치죠. "선생님, 이 동네 천장에는 털복숭이 고릴라는 살지 않아요"라는 존의 말로 이야기는 끝이 나요.

알고 보면 간단한데 꽤 매력적인 스토리가 탄생했죠?

이번에는 유설화 작가의 『슈퍼 거북』을 통해 스토리 라인을 감각적으로 체험해볼게요.

『슈퍼 거북』

'토끼와 거북이'의 뒷이야기를 상상해서 그려낸 책이에요. '달리기 경주에서 이긴 거북이는 그 뒤로 어떻게 됐을까?'라는 생각이 『슈퍼 거북』을 탄생시킨 거예요. 이처럼 기존에 있던 이야기를 시대와 장소를 바꿔 재탄생시키거나 뒷이야기를 새롭게 쓴 책들이 많이 있어요.

웹툰 『계룡선녀전』은 선녀가 현대에 와서 찻집을 운영하면서 서방님을 찾아나서는 이야기예요. 시대를 바꾸고, 그 시대에 맞게 등장인물을 바꾸어서 크게 호평을 받은 작품이지요.

> 기존에 알고 있던 이야기에 질문을 던져보세요. "그 뒤 이야기는 어떻게 됐을까?" 그러면 조금 쉬우면서도 기발하게 이야기를 창작할 수 있어요.

백희나 작가의 『장수탕 선녀님』은 산속 연못이 아닌 동네 낡은 목욕탕으로, 할머니 선녀로 장소와 인물을 바꾸었어요.

이처럼 유에서 새로운 유를 창조하는 것도 아이들이 쉽게 시도해볼 수 있는 창작법이에요.

다시 『슈퍼 거북』으로 돌아가 스토리 라인을 살펴볼게요.

기	경주에서 이긴 꾸물이가 영웅이 된다.
승	꾸물이는 하나도 행복하지 않다. 진짜 슈퍼 거북이 되기 위해 피나는 노력을 한다.
전	토끼가 경주를 신청한다. 토끼가 이긴다.
결	꾸물이는 그제야 행복한 잠에 빠진다.

여기서 한 학생이 기존의 이야기를 변형한 작품을 함께 볼까요?

이 책을
길거리에 굴러다니는
돌덩어리를
차고 다니는 어린이에게 바칩니다.

옛날 옛날에 나무꾼이 살았어요.
그 나무꾼의 도끼는
낡은 도끼였어요.

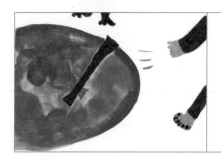

어느 날, 나무꾼이 나무를 하다가
'풍덩~'
이런, 도끼가 연못에 빠져버렸네요.

그런데
번쩍번쩍 새 도끼가 연못 위로
둥둥
떠올랐어요.

새 도끼를 얻은 나무꾼이 생각했어요.
'낡은 도끼를 빠뜨렸더니 새 도끼가 나왔잖아?
이 연못이 소문에만 듣던 산신령이 사는
연못인가 봐.
그렇다면
새 도끼를 넣으면, 히히히히.'

나무꾼은 이번에는 연못에 새 도끼를 던졌어요.
힘껏 말이죠.
"와우! 정말 소문대로야."
나무꾼은 입을 쩍 벌렸어요.
글쎄,
연못에서 은도끼가 올라왔거든요.

나무꾼은 은도끼를 들고 집으로
돌아가려고 했어요.
그런데 자꾸자꾸 뒤를 보게 되는 거예요.
'만약, 은도끼를 던지면……?'
나무꾼은 다시 연못으로 가서 은도끼를
연못에 던졌어요.
어떻게 됐을까요?
네, 네, 맞아요.
금도끼가 나왔어요.

'금도끼를 팔면 부자가 되겠지만,
이 작은 금으로는 평생 부자로 살 수는 없어.
만약 금도끼를 던지면, 히히히.'
'잠깐, 소문에는 금도끼까지였는데.'
'그건 이웃 마을 나무꾼이 혼자 부자가 되려고
사람들을 속인 걸 거야.'
나무꾼은 조금 망설이더니
금도끼를 연못에 던졌어요.

그런데
1분
2분
…
5분
…
10분
한참을 기다려도
아무것도 나오지 않았어요.

밤이 깜깜해질 때까지 기다려도
아무것도 나오지 않자
나무꾼은
끄엉끄엉
울기 시작했어요.
"내 도끼 내놔! 줄 때까지 안 갈 거야."
나무꾼의 울음소리 때문에 시끄러웠죠.

"누가 잠자는 산신령의 코털을 건드리느냐?"
하얀 수염이 무릎까지 내려오는
산신령이 나타났어요.
"산신령님, 도끼가 없으면
식구들을 먹여 살릴 수 없습니다."

나무꾼은 눈물을 닦으며 말했어요.
"줄 테니 가지고 내려가거라.
시끄러워서 잠을 잘 수가 있어야지. 크흠."
산신령은 연못 속으로 들어가더니
낡은 도끼를 들고 나왔어요.

나무꾼은 화를 냈어요.
"새 도끼를 주셔야지
이런 낡은 도끼를 주시면 어떡합니까?"

"괘씸한 녀석."
산신령은 화를 내며 주문을 외웠어요.
"수리꾸리마리호리쭉쭉."
나무꾼이
글쎄
글쎄
돌로 변해버렸어요.

혹시
길을 가다가 돌을 찼을 때
"아야"
소리가 들리면
그건 욕심쟁이 나무꾼일 거예요.

"나는 가장 적은 욕심을 가졌으므로
신에 가장 가까운 존재이다."
– 소크라테스

명언과 연결하여 마무리함.

이 작품의 스토리 라인을 분석해볼게요.

처음	'금도끼 은도끼' 이야기를 알고 있던 나무꾼이 낡은 도끼를 빠뜨린다.
중간	낡은 도끼 ⇨ 새 도끼 ⇨ 은도끼 ⇨ 금도끼 금도끼를 다시 빠뜨린다. 산신령이 낡은 도끼를 내주자 화를 낸다.
끝	산신령이 나무꾼을 돌로 만들어버린다.

낡은 도끼에서 새 도끼로, 새 도끼에서 은도끼로, 은도끼에서 금도끼로 세 번의 바뀜이 있었네요. 삼세번의 법칙이 적용되었어요. 욕심이 점점 커지듯 사건이 심화되어가지요. 마지막에 돌로 변해버린 나무꾼을, 돌을 차고 다니는 아이의 발로 시공간을 연결하며 옛이야기로만 머무르지 않았어요.

이처럼 우리가 잘 알고 있는 이야기를 조금만 달리 생각해봐도 좋아요. 주인공의 성별을 바꿔보거나, 주인공에게 특별한 능력을 주거나, 시공간을 달리 설정해보는 식이에요.

다음으로 김유 작가의 『겁보 만보』를 살펴볼게요. 만보는 귀하게 얻은 아들이에요. '만 가지 보물'이란 뜻으로 '만보'라는 이름을 갖게 되었어요. 만보에게 없는 건 딱 한 가지예요. 바로 '용기'죠. 겁이 엄청 많아 '겁보 만보'예요. 부모님은 세상이 험악한데 만보가 어찌 살아갈지 걱정이 태산이죠. 부모님은 만보가 좋아하는 음식이 가득한 고개 건너 장에 혼자 다녀

『겁보 만보』

오게 하면 만보에게도 용기가 생길 거라고 생각해요.

엄마는 걱정이 되어서 몇 번씩 당부해요 "왼쪽 길로 가라." 하지만 왼쪽으로 가면 이야기가 되지 않겠죠. 만보는 갑자기 나타난 산짐승 때문에 놀라 그만 오른쪽으로 가고 말았어요. 오른쪽 길은 아무도 다니지 않는 길이었어요. 도깨비가 나타나는 길이었거든요. 오른쪽으로 간 만보에게 세 번의 만남이 일어나요.

아이들에게 무조건 자신의 경험을 바탕으로 이야기를 쓰라고 재촉하기보다는, 책 몇 권을 함께 읽으며 스토리 라인을 분석해서 변형하는 것부터 시작하면 좋아요.

1	할머니를 만나 신비한 떡을 얻는다.
2	호랑이를 만나 할머니가 준 떡으로 물리친다.
3	도깨비를 만나 씨름을 한다.

삼세번의 법칙이 적용되지요. 이 세 번의 경험을 통해 겁보 만보는 용기를 얻어요. 이야기 구조도 살펴볼까요.

처음	만보는 겁이 많다.
중간	만보가 고개 넘으며 세 번의 만남이 이루어진다.
끝	용기를 얻는다.

이렇게 간단한 구조에 사건이라는 살을 붙이면 이야기가 되지요.

2 더 맛깔스럽게 인물 탐구하기

스토리에는 등장인물이 있어요. 인물이라고 해서 꼭 사람이어야 하는 건 아니에요. 민들레, 거북이, 곰, 바람, 해, 로봇, 똥 등 모든 것이 등장인물이 될 수 있어요.

말과 행동을 통해 인물의 성격이나 특징을 나타낼 수 있고, 이를 통해 이야기를 이끄는 사건이 전개되지요. 따라서 인물 탐구는 창작할 때 중요한 요소예요.

국어 시간에 지문을 읽고 인물의 말과 행동을 찾아보고 성격을 유추해보는 활동을 많이 하지요. 그와 반대로 해볼까요? 인물을 설정하고 인물의 말과 행동, 그 인물이 일으킬 만한 사건 등을 상상해보는 거예요.

전자의 유추를 할 때에는 논리적으로 답을 찾아내야 할 것 같지만, 후자의 상상으로 방향을 바꾸면 무궁무진한 답이 있어서 마음껏 생각해내도 될 것 같지요. 창작을 위한 분위기 조성의 기본은 해방감과 자유예요. 마음껏 시도해보는 것부터 시작해보는 거죠.

아무나, 아무것이나 생각해보는 거예요. 머릿속에 바로 떠오르는 대상을 적어보세요. 그리고 그 대상에 숨결을 불어넣어요. 어디 사는지, 몇 살인지, 잘하는 건 뭔지, 결점은 뭔지, 좋아하는 건 뭔지, 웃을 때는 어떤 소리를 내는지, 어떤 옷을 좋아하는지, 무서워하는 건 뭔지 무수한 질문을 던지며 자기만의 등장인물을 창조해내요.

다음은 아이의 인물 탐구 활동 예시예요.

인물 탐구

그리고 이런 질문을 던져봐요.

"이런 아이라면 어떤 사건을 벌일까?"

이렇게 상상해낸 사건 중 이야기로 옮기고 싶은 사건을 세 가지 골라

요. 그런 다음 이렇게 질문해봐요.

"이런 사건을 벌이려면 주변에 어떤 인물이 더 필요할까?"

인물 관계도를 완성해봐요.

인물 관계도

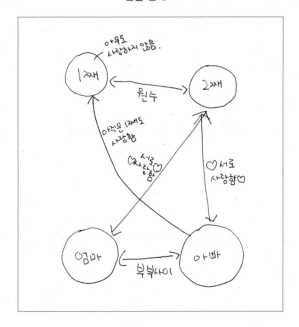

인물 관계도에 새롭게 등장한 인물이 있으면 다시 인물 탐구를 해요. 등장인물에는 주인공뿐만 아니라 주인공을 못살게 구는 반동 인물, 주인공을 도와주는 조력자 등이 있어요. 우리 삶과 같아요. 나와 마음이 잘 맞는 사람, 나와는 매번 부딪치는 사람, 나를 뒤에서 몰래 도와주는 사람이 있잖아요. 이야기 속에서도 마찬가지예요.

등장인물은 각자의 역할로 나타나요. 자신의 이야기책에 등장하는 인물은 적어도 자신 안에는 살아 있는 존재여야 해요. 마치 나와 함께 살고 있는 것처럼 생생하려면 그 등장인물에 대해 꼼꼼하게 탐구해야 해요. 내 글에 쓴 등장인물이 뭘 좋아하는지, 화가 날 때에는 어떤 행동을 하는지, 대상에 대해 아무것도 모른다면 이야기는 문자의 나열에 불과하여 죽은 글이 되고 마니까요.

등장인물이 생생하게 살아 있지 않은 글은 독자에게 공감대를 형성할 수 없어요. 그래서 이야기책에 등장하는 인물에게 생명을 불어넣는 일이 중요해요.

3 짜릿한 맛, 발상의 전환

도서관에 가면 셀 수 없이 많은 책들이 있어요. 그렇지만 인기가 있는 책은 아이들이 몰래 숨겨놓고 읽거나 여럿이 읽어서 닳고 닳아 있지요. 그런 책을 가만히 살펴보세요.

첫 번째로 인기 있는 책은 단연 정보 만화책이죠. 아이들이 정보를 얻으려고 그런 책을 고를까요? 책을 다 읽기를 기다렸다가 물어보세요. 책에 어떤 내용이 있었는지 제대로 대답하는 아이가 없어요. 아이들은 만화 캐릭터들 사이에 펼쳐지는 스토리와 재미있는 장면, 웃긴 말투를 기억해요. 정보 만화를 제외하고 선호하는 책은 『엉덩이 탐정』 시리즈, 『13층 나무집』 시리즈예요. 아이들이 큭큭거리면서 눈을 떼지 못해요. 아이들과 코드가 맞는 재미 요소를 갖춘 책인 것이지요.

두 번째로는 뻔한 책이 아니라는 거예요. 뻔한 이야기는 어른들도 싫어하지만 아이들은 더 싫어해요. 요즘에는 아이들이 심사 위원이 되어 수상자를 뽑는 공모전이 있어요. 이런 공모전에서 선정된 작품들은 무한한 상상력, 뻔하지 않은 결말, 독창적인 구조를 갖추었다는 특징이 있어요.

따라서 반전이 주는 묘미를 몇 가지 예시를 들어 알려주면 뻔하지 않은 이야기를 창작해내요. 거기다 재미 요소를 곁들여 다양한 형태로 만들어내지요. 만화 형태, 퀴즈 형태, 상담 형태, 문자메시지 형태, 편지 형태 등 다양한 틀을 활용하기도 하고요.

그러면 뻔하지 않은 이야기를 쓰려면 어떻게 해야 할까요? 뻔하지 않다는 것은 창의성과 연결되어 있어요. 발상의 전환이야말로 창의성의 터보 버튼이거든요.

임태리 작가의 『메리 크리스마스 맛』이라는 작품을 살펴볼게요.

산타라고 하면 너털웃음을 지으며 인심 좋게 선물을 나눠주는 모습을 떠올려요. 임태리 작가는 "산타는 불만이 없을까?"라는 질문에서 시작하여 이 작품을 쓰게 되었어요. 그래서 이 작품에 등장하는 산타는 늘 뚱뚱해야 하는 자신의 몸, 빨간 산타 옷만 입어야 하는 삶, 더욱이 요즘 산타를 믿는 아이들이 없어서 소원 카드가 오지 않는 것까지 모든 게 불만이에요. 이처럼 산타에 대한 발상의 전환이 참신한 작품을 만들어냈어요. 이야기가 어떻게 전개될지 예상할 수 없어 책을 계속 읽어보고 싶은 생각이 드는 것이지요.

또 다른 작품으로 천효정 작가의 『삼백이의 칠일장』 시리즈가 있어요. 이름이 없어서 저승사자도 잡아가지 못해 300년을 산 삼백이가 죽어서 7일장을 치르는데, 상주로 나선 여섯 동물이 삼백이에게 은혜 입은 이야기를 나누는 것을 담아낸 거예요. 7일장이라는 장례 형식을 빌려와서 구수한 이야기를 풀어내는데, 이야기마다 반전이 숨어 있어서 읽는 재미가 있어요.

로알드 달의 『마틸다』를 볼까요? 부모는 자식을 끔찍이 아끼고, 자기 자식을 특별하게 여기지요. 보편적으로 말이에요. 하지만 마틸다의 부모는 그렇지 않아요. 요즘 같으면 아동 학대로 신고당할 정도예요. 부모와 자식의 관계에 대한 고정된 관념을 비틀고 이모와 조카에 대한 관계를 비틀어 『마틸다』라는 작품이 탄생했어요. 이 작품은 뮤지컬로 제작될 정도로 인기를 얻었어요.

『메리 크리스마스 맛』

『삼백이는 모르는 삼백이 이야기』

『마틸다』

『메리 크리스마스 맛』은 산타라는 인물에 대한 고정관념을 비틀고, 『삼백이의 칠일장』은 상주들이 펼쳐낸 이야기를 통해 사건에 대한 생각을 비틀고, 『마틸다』는 가족, 친척 등 관계에 대한 생각을 비튼 작품이에요. 여기서 비틀었다는 것은 다른 시선으로 바라보았다는 거예요. 즉 발상의 전환을 한 거죠!

발상의 전환은 참신함을 낳아요. 참신함은 신선함을 주고, 신선함은 호기심을 불러일으키죠. 아이들이 창작할 때에도 비틀어 보기, 발상의 전환을 시도해보게 하면, '네가 지금 창작하려는 책이 왜 세상에 나와야 하는가?'에 대한 답을 스스로 찾아갈 수 있을 거예요.

발상의 전환을 위해 고정관념에 대해 생각해볼 수 있는 놀이를 해보면 어떨까요?

① 낱말 카드를 준비해요. (책상, 공, 사과, 침대, 엄마 등)

② 낱말 카드를 한 친구가 뽑아요. (사과)

③ 그다음 친구가 연상되는 것을 말해요. (백설공주)

④ 그다음 친구는 앞 친구가 말한 단어에서 연상되는 것을 말해요. (왕자)

⑤ 그다음 친구는 그 앞 친구가 말한 단어에서 연상되는 것을 말해요. (풀)

⑥ 처음 카드를 뽑았던 친구가 '사과'와 마지막에 나온 '풀'을 연결해서 문장을 만들면 1포인트를 획득해요. (엄마 립스틱은 사과 맛 풀 같아.)

두 번째는 대상을 확대해보는 거예요. 사물을 보는 시선을 확장시킬 수 있어요.

① 휴대폰으로 찍고 싶은 것을 찍어요.

② 특정 부분을 크게 확대해요(이때 선명도가 떨어져 흐릿해질 정도로 확대해서는 안 되겠죠).

③ 찍은 것이 무엇인지 맞혀봐요.

이야기에서 주인공은 거인이 될 수도 있고 작은 벌레가 될 수도 있어요. 작아져버린 인간일 수도 있고요. 그러면 그 시선에서 볼 수 있는 안목이 필요하겠죠. 사물을 확대해서 보면 대상이 색다르게 보여요.

4 감칠맛을 내는 삽화 기법

아이들은 삽화를 보는 것은 좋아하지만 그리는 것은 어려워해요. 잘 그려야 한다는 부담감 때문이죠. 삽화를 그리기 전에 다양한 기법으로 그린 삽화를 보여주면서 부담감을 덜어줘요.

『점과 선이 만나면』

『친구에게』

　여러 가지 삽화 기법이 담긴 책을 소개해볼게요.

　『점과 선이 만나면』을 볼까요? 제목처럼 점과 선으로 된 그림책이에요. 점과 선이 만나서 나무, 열기구, 자전거를 만들고 서로가 섞여 멋진 세상을 만들어내는 이야기예요. 검은색 점과 흰색 선으로 이야기가 시작되어 다른 나라 알록달록 점과 선을 만나 생동감 있는 그림이 전개돼요. 점과 선만으로도 재미있는 삽화가 완성되었어요.

　『친구에게』는 OHP 필름의 투명한 성질을 이용했어요. OHP 필름을 넘기면 하나의 이야기가 완성되지요. 미완성된 그림이 다음 장과 합쳐져 이야기가 되는 삽화예요. 혼자 앉아 놀고 있는 친구가 있어요. OHP 필름을 한 장 넘기면 즐겁게 무리지어 놀고 있는 여자 친구 한 명이 남자 친구 옆에 앉아 있는 모습으로 바뀌어요. "나는 항상 네 편이야"라고 친구가 건네는 말이 따뜻합니다. OHP 필름은 투명하기 때문에 양면에 다른 이야기를 만들어볼 수도 있어요.

　『신발 신은 강아지』는 연필로 쓱 그린 그림이에요. 정감 있는 그림이 아

『신발 신은 강아지』 『숲 속 재봉사』

이들에게 친숙하게 다가가요. 연필은 아이들에게 가장 친숙한 도구예요. 연필로 그린 삽화는 윤곽선에 따라 분위기가 다르게 연출되고, 연필심의 두께와 명암을 이용해 다양한 표현을 할 수 있어요.

우리 주변의 돌, 조개껍데기, 나뭇잎, 꽃잎 등 자연물로 표현한 그림책 『숲 속 재봉사』가 있어요. 숲속 동물들이 숲속 재봉사에게 옷을 부탁해요. 꽃잎이 치마가 되고 나뭇잎이 레이스가 됩니다. 곳곳에 재치 넘치는 자연 소품이 활용되었어요. 동물 친구들이 꿈꿔왔던 옷을 입고 한바탕 잔치를 벌이는 장면에서는 자연 재료를 찾아보는 재미가 있어요.

그 밖에도 점토 인형을 만들고 사진을 찍어 그림을 만드는 그림책도 있고, 도형으로만 이야기를 꾸려나가는 그림책 『커다란 포옹』, 사진으로 삽화를 대신하는 책도 있어요.

무엇보다 중요한 것은, 아이들이 그림을 잘 그려야 한다는 부담을 덜고 자신의 스토리에 맞는 그리기 기법을 적용하여 '아이다움'을 잘 지키게 해 주는 거예요.

3장

글의 맛을 살리는
글감 다듬기

문장 다듬기

1 장면 중심 글쓰기 - 묘사, 대화, 사건을 한꺼번에

올가 리토윈스키Olga Litowinsky는 "효과적인 글은 사건, 대화, 묘사를 얼마나 잘 활용하는가에 달려 있다"라고 말했어요. 이 말이 아니더라도 그림책, 그림동화책, 동화책을 들여다보세요. 문장들을 살펴보세요. 사건 전개를 위한 서술형 글, 대화 글, 묘사 글 세 가지를 크게 벗어나지 않아요.

그렇다면 문장을 쓰고 다듬는 훈련을 어떻게 할 수 있을까요? 문장 쓰기만 따로 연습하는 것은 따분해요. 글짓기 숙제를 하는 기분이지요. 사건, 대화, 묘사가 함께 어우러지는 장면 중심 글쓰기를 해보는 것이 좋아요.

묘사 연습

① 짝 활동으로 해요. 한 명에게만 그림 카드를 줘요. 다른 한 명은 친구의 말을 듣고 어떤 그림인지 종이에 직접 그려봐요. 활동이 끝나면 그림 카드와 자신이 그린 그림을 비교해봐요.

A: 단발머리 여자가 책상다리를 하고 앉아 있어. 한 손에는 꽃을 들고 있어. 다른 손에는 꽃잎을 한 장 떼어서 들고 있어.

B: (설명을 듣고 그린다.)

설명이 끝나면 그린 그림을 그림 카드와 비교해봐요. 어떤 부분을 이야기하지 않았는지 서로 이야기해요.

② 그런 다음 이번에는 그림 카드를 보고 문장으로 나타내봐요.

단발머리 여자아이가 책상다리를 하고 앉아 있어요. 한 손에는 꽃을 들고 있고 다른 손에는 꽃잎 한 장을 들고 있어요. 옆에 휴대폰이 놓여 있어요. 얼굴 표정이 심각해요. 곧 울 것 같아요. 전화를 기다리는 것 같아요.

대화, 대사로 문장 만들기

① 그림에서 주인공이 어떤 말을 하고 있을 것 같은지 생각해보게 해요
   ("온다, 안 온다", "언제 오는 거야?", "전화가 울리지 않아", "아휴" 등).
② 대화나 대사, 앞에서 했던 묘사 문장을 어울리게 배치해봅니다.

"온다."

꽃잎을 한 장 뗀다.

"오지 않는다."

또 한 장을 뗀다.

떨어진 꽃잎이 울리지 않는 전화기 옆에 내려앉는다.

미나는 울상이 되고 만다.

꾸며주는 말, 의성어, 의태어 넣기

① 평상시에 책을 읽으며 재미있는 단어와 인상 깊은 문장을 수집해요.
② 꾸며주는 말, 의성어, 의태어를 넣어봐요. 글이 한층 살아나는 것을
   느낄 수 있어요. 글을 쓸 때 자신이 단어를 모아놓은 공책을 한 번
   읽고 나서 하면 훨씬 생동감 있는 글을 쓸 수 있어요.

다음 예시를 살펴볼까요.

떨어진 꽃잎이 울리지 않는 전화기 옆에 살포시 내려앉는다.

'살포시'를 넣으니 주인공의 마음이 더 섬세하게 표현되지요.

사건 만들어보기

① 누구를 기다리는지, 왜 기다리는지 사건을 만들어봐요(엄마 전화를 기다린다, 좋아하는 남자 친구 전화를 기다린다, 합격 소식을 기다린다, 택배 배달 전화를 기다린다, 친구로부터 화해하자는 문자메시지가 오길 기다린다 등).

② 사건이 만들어졌으면 스토리 보드에 적어봐요.

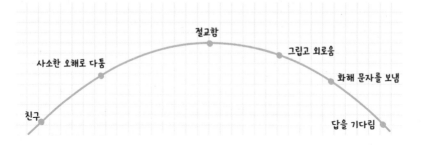

③ 친구, 다툼, 절교, 외로움 중 하나를 골라 앞에서 했던 묘사와 대사 넣기를 연습해보세요.

이렇게 한 장면 한 장면 만들어나가다 보면 문장과 삽화 실력이 쑥쑥 향상되고, 이야기 한 편을 뚝딱 완성할 수 있어요.

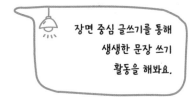

장면 중심 글쓰기를 통해 생생한 문장 쓰기 활동을 해봐요.

2 문장 만들기 놀이

앞에서 이야기한 방법이 어렵다면 놀이를 하면서 문장 쓰기를 시도해 봐요.

스토리 마블 보드 놀이하기

준비물 : 스토리 마블 보드, 말, 주사위, 포스트잇

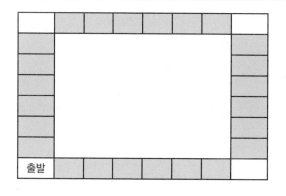

초록색 칸 수는 학년에 따라 조절하세요.

1단계 **난이도 ★**

① 포스트잇에 낱말을 쓴다.

② 포스트잇을 초록색에 붙인다.

③ 주사위를 던져 나오는 수만큼 시계 방향으로 이동한다.

④ 주사위가 도착한 곳에 있는 낱말을 넣어 문장을 만든다.

⑤ 가장 먼저 출발지로 돌아온 사람이 이긴다(단, 출발지에 정확히 도착해야 한다).

2단계 **난이도 ★★★**

① 포스트잇에 연결어를 쓴다(그래서, 그리고, 그러나, 왜냐하면, 첫째, 둘째, 순서대로, 끝으로, 다시 말해서, 여하튼, 덕분에 등).

② 포스트잇을 초록색에 붙인다.

③ 주사위를 던져 나오는 수만큼 시계 방향으로 이동한다.

④ 주사위가 도착한 곳에 있는 낱말을 넣어 문장을 만든다. 연결어이므로 두 문장 이상을 만들어야 한다.

스토리 마블 보드는 www.happyedumall.com 에서 구입할 수 있어요.

3단계 **난이도 ★★★★★**

① 포스트잇에 낱말을 쓴다. 꾸며주는 말, 연결어, 단어 모두 허용한다(사과, 그래서, 파릇파릇, 알싸한 등).

② 포스트잇을 초록색에 붙인다.

③ 주사위를 던져 나오는 수만큼 시계 방향으로 이동한다.

④ 주사위가 도착한 곳에 있는 낱말을 넣어 문장을 만든다.

⑤ 다음 주자는 앞 사람이 만든 문장에 이어서 문장을 만들어나간다(예를 들어, 1번 주자가 '사과'라는 낱말을 뽑아서 "백설 공주는 사과를 먹었습니다"라는 문장을 만들었고, 2번 주자가 주사위를 던져 또 '사과'가 나왔다면 "백설공주는 사과를 먹었습니다. 사과는 달콤했습니다." 이렇게 뽑은 낱말을 넣어 문장 잇기를 한다). 이때 문장이 어색하면 주사위를 던지기 전 자리로 돌아간다.

자음 스토리 보드 만들기

1단계 난이도 ★★

아래 자음 스토리 보드에 해당되는 자음이 들어간 문장을 만들어요.

ㄱ 눈을 감자	ㅂ
ㄴ	ㅅ
ㄷ	ㅇ
ㄹ	ㅈ
ㅁ	ㅊ

ㅋ	ㄸ
ㅌ	ㅃ
ㅍ	ㅆ
ㅎ	ㅉ
ㄲ	

주제를 주고 자음 스토리판을 완성하게 해요.

(예를 들어 주제가 '음식'이라면 다음과 같이 만들 수 있어요.)

ㄱ	ㅂ 병원 밥은 맛없어
ㄴ	ㅅ
ㄷ	ㅇ
ㄹ	ㅈ
ㅁ	ㅊ

ㅋ	ㄸ
ㅌ	ㅃ
ㅍ	ㅆ
ㅎ	ㅉ
ㄲ	

3단계 **난이도 ★★★★★**

주제를 주고 스토리에서 벗어나지 않고 자음 스토리 보드를 완성하게 해요. 스토리 순서대로 번호를 붙여줘요.

(예를 들어 주제가 '생명'이라면 다음과 같이 만들 수 있어요.)

ㄱ 1. 길고양이를 키우게 됐어요.	ㅂ
ㄴ	ㅅ
ㄷ	ㅇ
ㄹ	ㅈ
ㅁ	ㅊ

ㅋ	ㄸ
ㅌ	ㅃ 2 뽀득뽀득 세수 를 잘해서 이름이 뽀득이예요.
ㅍ	ㅆ
ㅎ	ㅉ
ㄲ	

색다른 문장 쓰기 ─ 생각 카드 활용하기

생각 카드를 활용해 문장 쓰기를 할 수 있어요. 하나의 주제를 정하고 생각 카드를 골라요. 네 명이 한 모둠이 되어 활동해요.

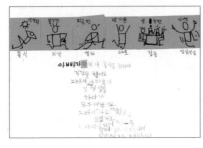

생각 카드와 포스트잇

> 생각 카드를 고르거나
> 단어를 쓸 때 생각을 너무
> 많이 하거나 오래 하지 않도록
> 시간을 짧게 주고 직관적으로
> 선택하게 합니다. 짧은 시간
> 동안 생각 카드를 골라야
> 상상력을 자극해요.

① 주제를 듣고 마음에 들거나 떠오르는 생각 카드를 두 장 고른다.

② 고른 카드를 포스트잇에 그리고, 그 위나 아래에 생각나는 단어를 하나 적는다.

③ 자신이 고른 카드를 옆으로 돌린다. 친구에게서 받은 카드를 포스트잇에 그린다. 생각나는 단어를 쓴다.

④ 세 번에서 네 번 정도 반복한다.

⑤ 자기만의 단어가 6~8개 정도 모인다.

⑥ 그중에서 3개를 골라 문장 쓰기를 한다. 무작정 쓸 때보다 훨씬 풍성한 글을 쓸 수 있다.

아침에 일어나서 학교를 가서 1학년하고 술래잡기를 했다. 학교에 들어 왔는데 선물이 놓여있었다. 가져려고 했더니 누군가 "안 돼!" 그랬다. 주위를 둘러 보았더니 새싹과 나무만 있었다. "안 돼!" 소리가 계속 나도 선물을 열었다. 그랬더니 이상한 인형이 들어 있었다.

이야기 빙고 놀이하기

시나 짧은 이야기를 창작할 때 주로 활용하는 놀이예요. 4×4나 5×5 빙고판을 만들어요. 저학년은 3×3도 괜찮아요. 주제나 소재를 주고 생각나는 단어를 빙고판에 모두 적게 해요.

'가을'에 관한 시를 써보기로 했어요. 아이들은 각자 '가을'에 관한 단어를 빙고판에 적어요. 다음은 예시예요.

풍년	농부	추석	친척	
배	떡	밤		귀뚜라미
	국화	단풍잎	은행	대추
벼		다람쥐	낙엽	송편
파란 하늘	사과	코스모스		잠자리

빙고판에 단어를 적을 때 네다섯 칸을 비워두어, 게임을 하면서 자유롭게 적어 넣게 해요. 친구가 생각한 단어를 내 글쓰기에 활용할 수 있어요.

모둠끼리 돌아가면서 단어를 외치면서 빙고 게임을 해요. 다섯 줄을 먼저 지우면 빙고의 승자가 됩니다. 빙고 게임은 아이들의 흥미를 일으키기 위한 수단이에요. 아이들은 이런 놀이 과정을 통해 주제에 관한 단어를 다양하게 떠올리게 됩니다. 더군다나 자기 혼자만의 생각이 아니라 친구의 생각이 더해져 훨씬 수월하게 글을 쓸 수 있어요.

이야기 말판 놀이

아이들과 말판 놀이를 하며 이야기를 만들어볼 수 있어요. 이야기를 만들기 위해서는 인물, 사건, 배경이 필요하지요. 말판은 11개의 인물, 13개의 소재, 8개의 배경으로 되어 있어요. 획득한 요소로 사건을 직접 만들어보게 해요(형식은 얼마든지 변형할 수 있어요).

준비물은 말판 놀이판, 주사위, A4 용지 한 장입니다.

① 모둠에서 말판 놀이 순서를 정해서 주사위를 던진다. 앞서가는 말 잡기, 친구가 획득한 요소 따먹기 등의 규칙은 학급에서 미리 자유롭게 정한다.

② 주사위를 던져 말판 위를 이동한다. 옮겨간 칸에 있는 단어를 획득한다.

③ 획득한 인물, 소재, 배경으로 이야기를 만든다. 인물의 성격과 획득한 것을 모두 활용해도 좋고, 몇 개만 활용해도 좋다.

> 저학년은 말판 놀이를 통해 인물, 소재, 배경을 조합하면서 스토리 구성법을 자연스럽게 익힐 수 있어요.

'마녀, 풍선, 남자아이, 무지개, 가방, 사막, 날개'를 획득한 학생은 마녀를 선생님으로, 남자아이를 자신으로 설정하여 레인보우 마법을 써서 뜨거운 사막을 지나가는 이야기를 만들었어요.

처음에는 선생님이 제공하는 말판을 사용해 인물, 사건, 배경을 감각적

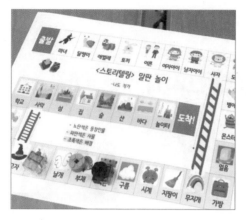

말판 놀이

스토리텔링 말판 놀이판

이야기 만들기

으로 익히고, 그다음에는 아이들이 말판을 직접 제작해 사용해보게 합니다. 그러면 스토리를 구성할 수 있는 소재가 훨씬 다양하게 나와요.

삽화 그리기

1 삽화는 아이답게

아이들이 만든 책은 억지로 꾸미지 않아도 자연스럽게 배어나는 '아이다움'이 묘미예요. 따라서 교사의 손길을 가해 아이의 그림을 더 멋지게 꾸며주려 하면 오히려 장점이 사라지게 돼요.

색종이 오리기
색종이를 오려 붙여 다양한 표현을 할 수 있어요.

손바닥 찍기

쓰고 싶은 글자를 오려 붙여요. 글
자 부분을 빼고 나머지 부분은 손바닥
찍기를 해요.

흩뿌리기 기법

칫솔에 물감을 묻혀 흩뿌리기를 해
요. 배경을 칠하면 흰색 바탕을 금방 메
울 수 있어요.

번지기

수채화 물감을 이용해 물의 양을 조
절해가며 번지기를 해요. 번지는 정도
에 따라 색과 느낌이 달라져 생동감이
있어요. 세밀한 표현부터 넓은 장면 묘
사까지 선명하고 몽환적인 분위기를

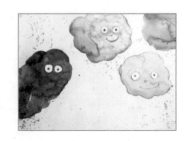

나타낼 수 있어요. 물감과 물을 다룰 줄 알면 쉽고 재미있게 그림을 그릴
수 있지요.

찍기

고무지우개에 조각을 해서 찍기를
해봐요. 반복되는 주인공을 그리기 힘
들 때에는 이 방법을 활용하면 좋아요.

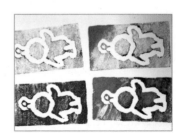

지문 찍기

손가락을 이용해 지문 찍기를 하거나
손가락 그림을 그려도 좋아요. 붓을 사용
하기 어렵거나 색으로 의미를 나타내고
자 할 때 사용하기 좋은 방법이에요.

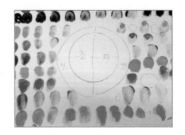

워터브러시 사용하기

오일 파스텔로 칠한 후 워터브러시
로 칠해주면 수채화 느낌을 낼 수 있어
요. 오른쪽 그림은 워터브러시를 이용
해 1학년 학생이 완성한 배경이에요. 이
때 꼭 워터브러시를 사용하지 않아도

분무기로 뿌리고 손으로 문질러도 비슷한 느낌을 낼 수 있어요.

그 밖에도 면봉 찍기, 신문이나 잡지
오리기, 사진으로 찍기 등 다양한 방법을
이야기에 맞게 활용할 수 있어요.

> 삽화를 그릴 때에는
> 여러 가지 재료를 탐색해보고,
> 다양한 기법을
> 시도해보는 게 좋아요.

2 삽화 도구 살펴보기

삽화를 그려보는 것은 다방면으로 교육적 효과가 있어요. 먼저 여러 가
지 채색 도구를 접하며 다양한 표현 기법을 직감적으로 체득할 수 있어요.
또한 삽화와 글의 상호작용에 대해 생각해보며 글을 보완하는 삽화를 구
성하면서 묘사 실력을 기를 수 있어요.

스캔을 하면 원화의 색감을 제대로 표현하지 못할 수도 있어요. 몇 장이 완성되면 미리 스캔과 인쇄를 해서 샘플을 보고 책의 삽화를 진행해보세요.

학기 초가 되면 색연필과 사인펜을 많이 준비하게 되지요. 하지만 한정된 도구만 사용하면 채색 도구마다 표현해낼 수 있는 기법의 차이가 크다는 것을 체감할 기회가 부족해요. 번거롭더라도 다양한 도구를 접하게 하면 좋아요.

색연필

돌리면 심이 나오는 색연필은 사용하기 편해요. 끝이 뭉툭해 넓은 장면을 색칠할 때 주로 사용하고, 섬세하게 색칠하기는 어려워요.

프리즈마 색연필은 발색이 선명해요. 연필 모양이어서 작은 면적이나 섬세한 표현에 사용해요. 여러 색이 있어서 그라데이션을 표현하기 좋아요. 쉽게 무르고 가격이 비싸다는 단점이 있어요.

색연필을 사용할 때에는 선명도에 더 신경 써야 해요. 스캔해서 디지털 파일로 만들면 원화의 느낌을 살리지 못할 때가 있어요.

마커

마커는 색이 선명하다는 것이 가장 큰 특징이에요. 색의 종류가 다양해요. 번짐이 심하고 질감이 그대로 나타나 주의해서 사용해야 해요. 전체를 마커로 칠하기보다는 강조하려는 부분에만 사용해요.

사인펜

사인펜은 색의 질감이 그대로 나타나요. 색감이 선명하고 색칠이 편해 학생들이 사용하기 좋아요. 발색이 예쁘지는 않지만 저학년은 간편하게 사용할 수 있어요.

붓펜

붓펜은 다양한 색깔이 있어요. 물감을 사용할 때의 장점과 사인펜을 사용할 때의 장점을 합쳐놓은 도구예요. 수채화 물감처럼 발색이 예쁘고, 사인펜처럼 간편하게 사용할 수 있어요.

파스텔

파스텔은 장면의 배경을 칠할 때 주로 활용해요. 부드럽게 칠해지고 다양한 색이 있어요. 손가락이나 화장지를 이용해 가루를 문질러 사용해요. 파스텔을 칠한 부분에 지우개를 사용해 다른 그림을 그리기도 해요. 학생들이 비교적 쉽게 다룰 수 있는 재료예요.

수채화 파스텔

수채화 파스텔은 쓱쓱 문질러 워터브러시로 칠하면 수채화 느낌이 나요. 워터브러시를 쓰지 않아도 물에 쏙 담갔다 빼서 손으로 살살 문질러 말리면 넓은 배경을 멋지게 해결할 수 있어요.

아크릴 물감

아크릴 물감은 선명하게 칠해지기 때문에 스캔한 뒤에 컴퓨터 프로그램으로 보정하지 않아도 PDF 파일로 변환해 바로 사용할 수 있어요. 삽화를 그리고 난 이후 작업이 편리하다는 장점이 있어요. 다만 쉽게 굳으므로 사용 후 붓을 바로 씻어야 하고, 아크릴 전용 붓과 종이 팔레트를 사용해야 해요.

수채 물감

수채 물감을 사용하면 물의 양으로 색감을 은은하게 조절해 감성적인 삽화를 그릴 수 있어요. 감정 변화가 드러나는 글에 수채 그림을 곁들이면 글이 더 돋보여요. 아이들은 수채 물감 사용을 재미있어하지만 약간 어려워하기도 해요. 붓의 두께를 다양하게 사용해보게 하면 훨씬 쉽게 접근할 수 있어요.

4장

작가의
특급 비법

1 살아 있는 글쓰기

글이 '살아 있다'는 것은 무엇일까요? 좀더 구체적으로 질문해볼까요? 어떻게 써야 살아 있는 글이 될까요?

첫째로 삶을 담아내야 해요. 자신의 삶, 이웃의 삶, 먼 나라에 살고 있는 누군가의 삶, 환상의 세계에 살고 있을 법한 그 무엇의 삶을 온전히 담아내야 하겠죠.

삶을 온전히 담아낸다는 것은 무슨 의미일까요? 공감해야 한다는 뜻이에요. 겉으로만 공감하는 척하는 것이 아니라 마음속 깊이 나 자신과 이웃,

먼 나라의 누군가, 환상의 세계의 무엇들과 마음을 나눠야 한다는 거예요.

그렇다면 마음은 어떻게 나누는 걸까요? 가장 친한 친구를 생각해보세요. 내가 어떤 사람이건 나를 온전히 받아주는 사람 아닌가요? 그처럼 대상을 온전히 받아주어야 마음을 나누게 되고 공감하게 되지요. 그러면 어느새 작가도 글 속 인물이 되어 살아 있는 글을 쓸 수 있어요.

아이들이 글을 쓸 때 아이들 시선에서 '나', '너', '세상'을 바라보고 쓸 수 있게 해주세요. 그래야 글 속 대상과 공감하게 돼요. 자꾸 방향을 잡아주려 하지 마세요. 교사는 이미 사회화되어 있기에 교사의 가르침이 오히려 이야기를 진부하게 만들어버릴 수 있어요. 교사는 아이들이 마음껏 쓸 수 있도록 허용하는 분위기를 조성해주세요.

예를 들어, 게임을 좋아하는 아이가 게임 캐릭터로만 이야기를 줄곧 이끌어나가면 교사의 눈에는 거슬릴 거예요. 게임 중독 예방 교육도 시켰는데 왜 그럴까 싶지요. 하지만 생각해보세요. 영화 〈주먹왕 랄프〉는 게임 속 인물을 주인공으로 했어요. 오히려 아이에게 책 『주먹왕 랄프』를 보여주며 스토리를 참고해보라고 하면 더 좋을 거예요. 그러면 아이는 자신을 드러내며 더 신나게, 더 진지하게 창작에 몰입하게 돼요.

교사의 역할은 창작의 방향을 제시하고, 문장을 고쳐주고, 그림을 대신 그려주는 것이 아니에요. 교사는 아이가 작가가 되어보는 과정에 몰입할 수 있도록 허용하는 분위기를 만들어주면 돼요.

둘째, 살아 있는 글은 노골적으로 드

러나지 않아야 해요. 무슨 의미냐고요? 주제를 노골적으로 드러내면 안 된다는 뜻이에요. 이야기에서 주제는 중요해요. 리 윈덤^{Lee Wyndham}은 "이야기는 짧아도 그 주제는 한 권의 책이 될 정도로 거창해야 한다"라고 말했어요. 그의 말처럼 주제는 거창해야 해요. 하지만 그 거창한 주제가 이야기에서 모습을 쑥 드러내고 있다고 생각해보세요. 마치 아빠의 훈계를 듣는 것 같은 기분이 들 거예요.

읽기 시작하자마자 덮고 싶은 책이 있어요. 독자를 가르치려 드는 책이 그렇죠. 주제를 노골적으로 드러낸 이야기는 재미가 떨어져요. 훈계가 목적이기에 독자의 눈으로 독자의 상황을 볼 수가 없는 것이지요.

재미가 없다는 것은 무엇일까요? 그 책을 읽고 싶지 않게 한다는 뜻이에요. 따라서 주제는 재미있는 이야기 속에 꼭꼭 감춰놔야 해요. 읽으면서 여러 번 생각했을 때 주제가 천천히 드러나도록 말이죠.

여기서 재미란 마냥 웃긴 것을 말하는 것이 아니에요. '재미'를 사전에 찾아보면 '아기자기한 즐거운 느낌이나 기분'이에요. 우리는 언제 '아기자기한 즐거운 느낌이나 기분'을 느낄까요? 나의 고민을 온전히 누군가 들어줄 때, 나의 슬픔을 누군가와 나누고 있다는 생각이 들 때, 나의 결점이 오히려 장점으로 승화될 때, 나의 소원이 이루어질 때, 기다리는 사람이 돌아올 때 등 많은 경우가 있지요.

재미 있는 이야기 속에 거창한 주제가 숨어 있을 때 살아 있는 글이 될 수 있어요.

철학자들은 평생에 걸쳐 존재, 행복, 삶, 사랑, 육체, 정신, 감정, 이성, 경험 등을 탐구하지요. 이처럼 삶과 연관된 주제는 무엇이든 대단해요.

셋째, 스토리에 맞는 다양한 형식을 선택해요. 스토리는 가독성이 있어야 해요. 가독성이란 얼마나 쉽게 읽히느냐 하는 정도라고 생각하면 돼요. 아이들 창작 책의 대상 독자는 같은 초등학생일 확률이 높아요. 그 또래 아이들이 쉽게 읽어나갈 수 있는 형식을 선택해야 한다는 말이지요. 이미지와 영상 매체에 익숙한 미디어 세대 아이들에게 긴 줄글은 가독성이 떨어져요. 그래서 창작 방식에서 다양한 형식을 적용하게 하여 가독성 높은 글을 쓰도록 도와줘요. 몇 가지 예를 들어볼게요.

히로시마 레이코의 『이상한 과자 가게, 전천당』이 있어요. 나타났다 사라졌다 하는 이상한 과자 가게 이름이 '전천당'이에요. 행운의 동전을 가진 아이 한 명만 그날 가게를 이용할 수 있어요. 과자를 먹는 순간 신기한 일들이 벌어져요. 과자 가게를 찾아오는 손님 이야기를 모아놓은 형식으로 이루어져 있어요. 『엉덩이 탐정』도 탐정 사무실을 찾아온 의뢰인의 사건을 처리한 이야기들로 이루어져 있어요.

이처럼 긴 스토리가 아니어도 짧은 해결 과정, 여러 사람에게 일어난 일 등으로 스토리를 꾸려나갈 수 있어요.

묻고 답하는 식으로 스토리를 구성할 수도 있어요. 아이 작품 중 하나인 『반창고』라는 책이 있어요. 주인공의 닉네임이 '반창고'예요. 고민을 들어주는 사이트를 운영해요. 누군가 고민을 남겨놓으면 답을 해주지요. 이처럼 고민과 그에 대한 기발한 답의 형식으로 이루어진 스토리를 구성할 수도 있어요.

그 밖에도 수수께끼 책 형식이나 숨은그림찾기 형식을 사용해도 좋아요. 『카톡 유머』 책처럼 메신저 대화 내용을 스토리로 전개해도 재미있어요. 또 그림일기 형식, 편지 형식 등을 사용해도 좋아요. 자신의 스토리에 맞게 다양한 형식을 적용해볼 수 있도록 해주세요. 훨씬 매력 있는 책을 창작할 수 있어요.

2 책 창작의 단계

작가마다 또는 작품마다 이야기의 모티브를 찾는 방법은 달라요. 주제를 먼저 생각하고 소재를 찾기도 하고요. 소재를 먼저 생각하고 주제를 얹기도 하지요. 예를 들면, 전자는 '우정에 대해 써야지' 생각하고 딱지놀이를 소재로 쓰는 방식이고, 후자는 '소시지를 가지고 쓰고 싶은데 그 소시지가 자아실현이라는 주제로 가게 해야지'라고 생각하고 쓰는 경우예요.

또 작가마다 성향에 따라 모티브를 찾는 방식이 달라요. 사전에 자료를 충분히 준비하고 이야기의 개요를 완벽하게 짠 뒤에 본격적인 글쓰기에 들어가는 작가가 있고, 대강의 이야기 흐름만 가지고 써나가면서 사건과 스토리의 기승전결을 만들어가는 작가도 있어요.

이처럼 책 창작에서 정해진 단계는 없어요. 각자 성향에 맞게 단계를 꾸려나가면 돼요. 그렇지만 그 순서는 달라도 공통된 단계들이 있어요. 소재 찾기, 주제 입히기, 인물 창조, 사건 만들기, 삽화 그리기, 인쇄하기 등이에요.

여기서는 각 단계에 대해 다뤄볼게요.

소재 찾기

소재는 멀리 있지 않아요. 항상 주변에 있죠. 다만 그것을 의식하지 못하고 지낼 뿐이에요. 내가 먹은 수박이 소재가 될 수도 있고, 친구들과 했던 놀이가 소재가 될 수도 있어요.

따라서 나의 관심사, 또래의 관심사, 어른의 관심사, 사회 이슈에 대해 조사해보면 어렵지 않게 소재를 찾을 수 있어요. 종이에 적고 비슷한 것끼리 묶어보면 어떤 소재로 글을 쓰면 좋을지 떠올라요.

나의 관심사	또래의 관심사	어른의 관심사	사회 이슈

주제 입히기

우리 몸을 지탱하는 것은 뼈대인 것처럼 이야기를 지탱하는 것은 주제예요. 주제가 바로 이야기의 뼈대라고 생각하면 돼요.

처음으로 책을 쓰는 아이들은 주제 입히기를 다소 어려워해요. 이야기에 보편적으로 많이 적용하는 주제를 다음 표에 모아봤어요.

우정	정의	믿음	아름다움	효
사랑	가족	존재	자아 존중	예
인류애	다양성	자유	협동	모험
평화	가치	인권	동심	성실
자아실현	행복	소중함	우애	정직

이 밖에도 다양한 주제들이 있어요.

주제에서 벗어나지 않고 일관성 있는 글을 쓰고 싶다면 자신에게 끊임없이 질문을 던지게 해요. '지금 뭘 쓰고 있는 거지?' '지금 왜 이 글을 쓰고 있는 거지?' 그러면 주제에서 벗어나지 않는, 가독성 있는 좋은 글이 되지요.

주제 입히기가 어렵다면 미덕의 보석 카드, 버츄 카드를 활용해서 아이들에게 주제가 무엇인지 느껴보게 할 수 있어요.

다만 주의할 점은, 우리 몸에서 뼈대가 겉으로 드러나지 않는 것처럼 이야기에서 주제가 노골적으로 드러나면 안 된다는 거예요. 주장하는 글이 아니니까요. 작가는 자신이 말하고자 하는 주제를 독자에게 전달하기 위해 이야기 형식을 택한 것이므로 이야기를 통해 주제가 드러나야 해요. 작가의 의도가 불쑥 튀어나와 "그래서 우정이 소중한 거야"라는 식으로 직접적으로 말하는 오류를 범해서는 안 되겠죠?

인물 창조하기

이야기를 이끌어가는 것은 사건이고, 사건을 실감나게 해주는 것은 인물이에요. 인물을 얼마나 생생하게 창조해내느냐에 따라 이야기의 맛이 달라지죠. 마치 영화나 드라마에서 역할을 누가 맡느냐에 따라 그 느낌이 달라지는 것처럼요.

캐릭터가 바로 내 옆에 살고 있는 것처럼 느껴질 때 이야기의 재미가 배가돼요. 캐릭터를 잘 살리려면 작가가 캐릭터에 대해 꿰뚫고 있어야 해요. 캐릭터의 성향을 직접 표로 작성해보고, 모습을 그려보거나 만들어보면 도움이 돼요.

인물 만들기

주인공	반동 인물	주변 인물
이름:	이름:	이름:
나이:	나이:	나이:
성격:	성격:	성격:
외모:	외모:	외모:
고민:	고민:	고민:
장점:	장점:	장점:
단점:	단점:	단점:
특징:	특징:	특징:

여기서 '고민'은 스토리를 끌고 가는 중요한 사건을 만드는 데 단서가 돼요. 반동 인물은 주인공에게 악당 역할을 하는 캐릭터일 수도 있지만, 반동 인물을 단순히 선악으로 구분하지 말고 주인공에게 자극을 주는 인물로 설정하여 이야기의 재미를 확보하면 좋아요.

사건 만들기

아이들의 이야기는 주로 자신의 주변에서 일어났던 경험을 토대로 전개돼요. 학교 가기 싫었던 날, 키우던 수박이 없어진 일, 강아지와 집에서 보낸

하루, 체험 학습에서 비를 쫄딱 맞은 일, 형이랑 싸운 이야기 등 아이들이 겪은 모든 일이 이야기가 될 수 있어요. 큰 사건이 아니더라도 글을 쓰는 어린이 작가나 글을 읽는 독자가 공감할 수 있고 마음이 가는 것이면 좋아요.

사건 만들기가 어렵다면 기획 그림책을 만들 수도 있어요. 가령 '우리 가족 ㄱㄴㄷ'처럼 자음자에 맞춰 주제에 알맞은 단어를 적어 그림책 한 권을 만들어볼 수 있어요. 이런 경우에는 큰 사건이나 위기가 없더라도 이야기 구조를 만드는 데 무리가 없어요.

스토리보드와 스케치 작성하기

스토리보드란 스토리 전개를 간단하게 만들어보는 거예요. 8등분한 B4 용지 두 장이 16컷 스토리 보드가 돼요.

그림과 글을 얹으면서 끝까지 써보세요. 사고 과정을 글과 그림으로 표현하고자 하는 것이니 간단히 스케치한다는 생각으로 완성하게 해요. 일단 한번 시작한 이야기는 끝까지 마치는 과정이 중요해요. 중간에 자꾸 그만두면 결국 어떤 이야기도 창작해낼 수 없어요.

어린이 작가가 만든 스토리보드

어린이 작가가 작성한 16컷 스토리보드예요. 그림과 글의 배치를 생각하며 작성해요.

삽화 그리기

스토리보드가 완성되면 삽화를 그려요. 이때 판형을 미리 정해서 알맞은 크기의 종이에 그려야 나중에 편집할 때 편리해요. 또 그림 그리는 재료에 따라 종이의 종류도 달라져야 해요.

삽화는 3장에서 다루고 있어요. 그 부분을 참고해서 여러 가지 도구, 다양한 삽화 기법을 작품과 작가의 성향에 맞춰 사용해보면 돼요.

연필이나 연한 색깔 색연필로 대략적인 스케치를 하고, 이야기에 맞는 재료를 선택하여 채색할 수 있어요. 채색 외에 잘라 붙이기, 뿌리기, 여백 살리기 등 다양한 방법을 활용할 수 있어요.

표지 그리기

표지는 두 가지 방법으로 만들어요.

첫 번째는 본문에 들어가는 삽화를 활용하는 거예요. 여기에도 두 가지 활용법이 있어요. 먼저 삽화 중 제목과 어울리는 대표 그림을 골라 표지로 사용하는 방법이에요. 이때 본문 내용에 대한 호기심을 자극할 수 있으면서도 이야기를 대변하는 그림을 골라야겠죠. 다른 하나는 삽화를 편집해서 사용하는 거예요. 일부분을 확대해서 쓰거나 삽화 중 여러 부분을 오려 적절한 위치에 배치해서 쓰기도 해요.

두 번째는 표지를 다시 그리는 거예요. 표지는 독자가 책을 볼 때 가장 먼저 보게 되는 부분이므로 매우 중요해요. 자신의 이야기가 독자에게 매력적으로 느껴져 읽고 싶다는 생각이 들도록, 표지 그림을 구상해서 다시 그리는 방법이 있어요.

표지는 앞표지, 책등, 뒤표지로 구성돼요. 각각 어떤 내용이 들어가는지 알아볼게요.

앞표지	책등	뒤표지
책 제목 작가 이름 표지 그림 출판사 이름	책 제목 작가 이름 출판사 이름	책 내용 일부 또는 책 홍보 문구 ISBN 가격

뒤표지　　　　　　**책등**　　　　　　**앞표지**

판형에 맞는 실제 크기의 종이를 준비하여 그림을 그리는 것이 편집할 때 편리해요. 이때 저학년은 큰 종이를 주면 부담을 느낄 수 있으므로 작은 종이에 그리게 하고 확대해서 사용할 수도 있어요.

합평하고 검토하기

실제로 작가들의 책이 출판되기까지는 '초고 입고 → 출판사 편집부의 검토와 작가의 수정 → 완전 원고 완성 → PC교 진행(저자 확인) → 1교 → 2교 → 3교(저자 교정 진행) → OK교 → 인쇄'라는 과정을 거쳐요. 이 과정에서 보듯이 여러 차례 검토해요.

아이들에게도 이 검토 과정을 겪어보게 해요. 친구들과 합평하고, 맞춤법이 맞는지 확인하고, 문장을 다시 다듬고, 삽화의 위치를 다시 확인하게 하는 거예요. 이 과정에서 많은 것을 배울 수 있어요.

'작가의 말' 쓰기

작가의 말을 쓰면서 작가의 마음을 가깝게 느낄 수 있어요.

자신이 왜 이 책을 쓰게 됐는지 계기를 써도 좋고, 누구에게 이 책을 권하는지 독자에게 메시지를 보내는 형식도 좋아요.

3 작가에게 듣는 책 쓰기 비법

Q1. 스토리 창작에서 가장 중점을 두는 것은 무엇인가요?

작가마다 색깔이 달라요. 하지만 색깔을 찾지 못한 작가도 있지요. 색깔이 분명한 작가의 글은 훨씬 매력이 있어요. 그래서 나의 색깔 찾기, 나의 색깔 나타내기에 중점을 두는 편이에요.

Q2. 글의 소재는 어떻게 찾나요?

자신이 직접적, 간접적으로 경험해본 것이 소재가 돼요. 나의 경험, 책, 신문, 뉴스, 주변 이야기 등을 통해 접했던 경험 등을 적어봐요. 적어 내려가다 보면 내가 쓰고 싶은 것에 자꾸 눈이 가게 돼요.

Q3. 글 솜씨를 향상시키는 비법이 있나요?

글 솜씨는 하루아침에 향상되지 않아요. 많이 읽고 많이 생각하면 도움이 돼요. 글을 읽고 난 후 생각의 꼬리를 따라가며 묻고 답하는 과정을 반복해보는 게 필요해요. 생각이 자라야 생각이 깃든 글을 쓸 수 있거든요.

또한 책을 읽을 때에는 눈으로 읽는 것으로만 그치지 않고 마음에 드는 문장을 노트에 따로 적어둬요. 문장 노트를 매일 아침 한 번 읽어요. 읽으면서 생각을 해야 해요. 생각이 바뀌어가기도 하고, 처음 생각에 생각이 더해지기도 해요.

이렇게 읽고 생각하고 쓰는 과정이 반복되면서 글 솜씨가 조금씩 늘어난다고 생각해요.

5장

실전!
책 쓰기

김영하 작가는 "글을 잘 쓴다는 것은 어린이의 마음이 되어 자기 안의 괴물을 만나는 것, 그 괴물을 만나 담대하게 첫 문장을 쓰는 것이다"라고 했어요.

어린이의 마음이 되는 것이 무척 어려운 일인데, 우리 어린이들은 이미 어린이이니 자신을 깊이 들여다보고 자기 안의 괴물을 만나보면 돼요. 가장 다가가기 쉬운 소재는 바로 자신이에요. 아이들의 이야기를 아이들 말로 풀어내보게 하는 과정이 필요해요.

먼저 기본 도구를 갖춰볼까요?

책 함께 보기

교실에서 교사가 함께 책 읽기를 하면 아이들이 여느 때보다 집중하는 모습을 볼 수 있어요. 그림책이든 동화책이든 교사와 함께 낭독하며 읽는 것은 아이들에게 또 다른 즐거움이지요. 그림책은 아침 독서 시간, 틈새 시간 등을 통해 읽어주기를 할 수 있고요, 동화책은 한 학기 한 권 읽기로 재구성한 시간을 활용해서 읽을 수 있어요.

처음에는 책 읽기에 부담을 주기보다는 읽기에 재미를 붙이는 데 주안점을 두는 게 좋아요. 따라서 질문이나 활동 없이 그냥 읽는 것도 의미가 있어요.

그림책은 교사가 읽어주면 아이들이 가장 흥미를 보여요. 동화책 한 권 읽기를 할 때에는 소제목별로 차시를 나눠 전기수가 이야기하듯 대화와 지문을 나눠 번갈아가며 읽기를 해도 좋아요.

책 속에 담긴 내용에 대해 이야기 나누기

아이들이 질문을 직접 만들어보며 책 속에 담긴 내용에 대해 이야기 나누게 해요. 인상 깊은 구절이나 마음에 드는 말을 적기도 하고요.

경험 공유하기

한 친구가 경험을 털어놓으면 아이들이 여기저기에서 "나도, 나도"라고 말하곤 해요. 다른 친구의 생각이나 의견을 들으면 '나한테도 저런 일이 있었지, 저런 생각을 했었지' 하게 되는 것이죠. 그런 과정을 통해 사람들이 느끼는 보편적인 생각이나 감정을 느끼기도 하고 자기만의 독특한 생각을 발견하기도 해요. 몰랐던 부분을 알게 되면서 생각의 폭이 넓어져요.

> 쓰고 싶은 이야기를 마음껏 써보라고 하면 아이들은 어려워해요. 자신의 이야기를 말하고 주변 이야기를 들으면서 자기만의 이야기를 만들어나가게 하는 것이 좋아요.

아이들의 경험은 곧 아이들의 삶이에요. 구체적인 경험 나누기를 하면서 아이들은 자신의 삶을 자연스럽게 드러내요. 친구와 이야기 나누는 과정 속에서 아이들의 삶이 문학에 더 가까워져요.

경험 공유 활동을 자주 할수록 아이들의 글과 그림이 풍부해져요. 그래서 책 쓰기 과정에서는 감정 찾기와 경험 끌어내기에 가장 많은 시간을 들여요. 경험 나누기는 책 쓰기에 대한 부담을 덜어주고 책 창작의 디딤돌 역할을 하는 것만으로도 큰 의미가 있어요. 자신의 생각과 친구의 생각을 통해 생각의 공유와 확장이 일어나고, 이는 적극적인 글쓰기로 이어져요. 쓸거리가 생기는 거죠.

자, 이제 책 쓰기로 들어가볼까요?

①

두근두근 감정 책 쓰기

준비

대표 감정, 『으리으리한 개집』 읽어보기, 감정을 느낀 경험

자신의 감정을 정확하게 표현하고 타인의 감정을 이해하면서 아이는
자신의 행복을 만들고 관계의 토대를 쌓는 법을 배우게 돼요.

요즘에는 자신의 감정을 정확하게 표현하지 못하는 아이가 많아요. 대
부분 좋다, 싫다, 짜증 난다는 감정으로 한정되어 있어요. 때로는 '그냥'이
라고 말하기도 하고요.

마음이 뛰어가는 것을 보았니? 보물찾기 하는 산토끼처럼 깡총깡총

『마음을 보았니?』에 나오는 문장이에요. 마음을 들여다보고, 마음속 깊은 곳에 담겨 있는 이야기를 찾아내보면 어떨까요? '감정'이라는 주제를 가지고 이야기를 많이 나누는 것이 중요해요. 이 과정을 통해 아이들이 자신의 경험을 깊이 생각하고 생각을 열게 되거든요. 더불어 자신과 친구가 다른 감정을 느낄 수도 있다는 것을 배우게 돼요. 공감과 소통을 위한 마음을 다져가는 것이죠.

밑다짐

『으리으리한 개집』을 읽고 감정 나누기

『으리으리한 개집』을 읽고 어떤 감정을 느꼈는지 찾아봐요. 그림책에서 등장인물이 느낀 감정이나 자신이 그림책을 읽으면서 느낀 감정을 찾아보는 거예요. 아이들은 각자 여러 가

감정 찾기 활동을 할 때
시중에 판매되는 감정 카드나
교사가 만든 감정 카드를
활용하면 좋아요. 책 속에서
느낀 감정을 감정 카드에서
골라보면 자신의 감정을
뚜렷하고 풍부하게 표현할 수
있어요.

지 감정을 읽어내요.

그리고 자신이 느낀 감정을 칠판에 붙여요. 어떤 장면에서 누구에게 그런 감정을 느꼈는지 이야기 나눠요. 그 과정에서 다른 친구들이 이야기를 덧붙이기도 하고, 다른 감정에 대해 이야기를 나누기도 해요.

호재 '궁금'이라는 감정이 떠올랐어요. 어떤 사람과 살게 될지, 어떻게 돈을 모아서 집을 사게 되었는지 궁금했어요.

상준 저는 '기대'라는 단어요. 새 집이 어떻게 되었는지 다음 이야기가 기대돼요.

정현 '다정함'이요. 가족들이 이사를 간다고 했는데 월월씨랑 같이 이사한 집에서 살게 되어 다정하게 느껴졌어요.

태경 저도 다정함이라는 감정에 대해 이야기하고 싶어요. 엄마 아빠가 일이 바쁠 때 밖에 나가서 일을 하고 있는데 월월씨가 밥도 먹여주고 하는 장면에서 다정하게 느껴졌어요.

평화 엄마 아빠가 바빠서 일을 할 때 월월씨가 아이들을 돌봐주었을 때도요.

상준 다정하니까 잔소리를 할 수 있잖아요. 관심이 있는 거니까요.

'다정함'이란 감정에 아이들이 여러 장면을 떠올리며 발표했어요.

교사 '우울함'이라는 감정을 적은 친구도 있네요. 우울을 느낀 장면이 있나요?

정현 아빠가 회사를 옮기게 되었다고 했을 때 가족들이 그런 감정을 느꼈어요.

민형 월월씨가 친구가 없었을 때 느껴졌어요. 표정도 슬퍼 보였어요.

태경 월월씨가 자기 집에서 가족들과 잘 지내고 있는데, 가족들이 이사를 가야 한다고 했을 때요.

호재 원래는 다른 가족들에게 사랑을 받았는데, 나중에 커서 이상하고 뚱뚱해져서 버림받았을 때 월월씨가 우울해했어요.

수곤 월월씨가 다른 가족들에게 어릴 때는 귀여움을 받았는데, 커서 밥을 많이 먹고 털도 많이 빠져서 버림받았어요.

상준 월월씨가 집을 사서 집은 큰데 친구가 없어서 우울할 것 같아요.

'우울'이라는 감정에 대해서도 그림책 속 월월씨의 마음을 깊이 들여다보았어요.

교사 '기쁨', '즐거움', '재미'는 어느 부분에서 느꼈나요?

상준 개가 주인이 된 것을 처음 봐서 재미있었어요.

태경 처음에 버림받았던 월월씨가 집을 짓고 살고 있는데, 가족과 함께 살게 되어서 속으로 기뻐 보였어요.

수곤 새 가족이 이사를 가게 되었는데, 다른 집으로 같이 이사 가게 되어서 기뻐요.

'기쁨', '즐거움', '재미'에 대해서도 아이들과 이야기를 나눴어요.

교사 『으리으리한 개집』을 읽고 친구들이 여러 감정을 떠올렸어요. 우리 친구들과 이야기 나눴던 감정을 생각하면서 『으리으리한 개집』의 대표 감정을 정해볼까요? '기대되는, 기쁨, 궁금함, 우울함, 다정함' 중에서 대표적인 감정이라고 생각하는 감정에 별표를 해보세요.

교사 '다정함'에 가장 많은 의견이 나왔어요. '기쁨'과 '재미'와 '다정함'은 다른 감정인 것 같아요. '다정함'은 어떤 감정일까요?

상준 서로 안아주고 이해해줘요.

평화 사이좋게 지내는 것, 도와주는 것입니다.

태경 싸우지 않고 서로 아껴주고 사이좋게 노는 것입니다.

대표 감정 찾기

전체 이야기 나누기를 끝낸 후 『으리으리한 개집』에서 대표 감정을 하나 찾아봐요. 책에서 자신과 가장 맞닿은 감정을 생각해봐요. 아이들은 이야기를 충분히 나누었기 때문에 전체 이야기 또는 한 장면에서 자신이 생각하는 감정을 찾아내요. 한 명씩 앞에 나가서 이야기를 마친 후 별표 표시를 했어요.

아이들은 '다정함'이라는 감정을 대표 감정으로 정했어요.

책 쓰기

경험 나누기

'다정함'이라는 감정에 대해 자신의 구체적인 경험을 떠올려요. "언제, 어디서, 누구와, 어떻게, 왜'라는 구체적인 질문을 통해 아이들의 이야기를 끌어내요. 아이들은 자기 이야기를 하고 서로 이야기를 들으면서 감정에 보다 가깝게 다가가요.

교사 다정함을 느꼈던 때를 떠올려봅시다. '이럴 때 나는 다정함을 느꼈어요' 하고 발표해볼까요?

평화 기분이 안 좋을 때 엄마가 달래줘서 다정함을 느꼈어요.

교사 언제, 무슨 일로, 누가…… 등에 맞춰 자신의 경험을 구체적으로 떠올려 보세요.

수곤 전학 왔을 때 평화가, 우리 학교는 급식을 다 먹어야 해, 뛰면 안 돼, 여기 규칙은 뭐야, 하고 소개해줬는데, 저는 그게 다정하게 느껴졌어요.

친구들 저도 그런 적 있었어요.

정현 처음에는 선생님이 무섭게 느껴졌는데, 제가 아팠을 때 이불을 가져다주고 이마를 만져주셔서 다정함을 느꼈어요.

평화 우리가 팽이 가지고 놀 때 수곤이가 장난을 쳐서 기분이 조금 안 좋았는데, 지금은 수곤이가 좋아요.

상준 엄마가 모임 갔을 때 맛있는 거 사 오라고 했는데, 기대 이상으로 많이 사와서 엄마한테 다정함을 느꼈어요.

평화 아빠가 일 때문에 늘 늦게 들어오세요. 그럼 제가 전화를 하는데, 그때마다 아빠가 사랑한다고 말해줘요. 그때 마음이 따뜻해져요.

아이들이 자신의 경험을 구체적으로 떠올려요. '다정함'이라는 감정을 자연스럽게 느껴요. 아이들은 감정을 떠올리며 자신의 경험과 생각을 담아요. 드디어 멀게만 느껴지던 책 속 이야기가 아이들의 삶이 됩니다.

사전적 의미 찾아보기

아이들의 경험 나누기가 끝나면 아이들과 사전을 찾아 사전적 의미를 알아봐요.

교사 '다정함'의 사전적 의미는 '태도나 행동이 친절하고 따뜻하다'입니다.

호재 친절하고 따뜻함을 느끼는 거예요.

교사 자신의 경험을 글로 정리해보세요.

감정 메타포 활동

감정 메타포 활동을 해봅니다. '~은 ~이다. 왜냐하면 ~이기 때문이다.'로 정의를 내려보면서 정리합니다. 다정함에 대해 나눈 이야기를 학급 그림책으로 엮었어요.

　'다정함'을 느꼈을 때의 상황을 하나씩 글로 쓰고 그림을 그려 책이 되었어요.

아빠가 일 때문에 늦게 오시는 날,
자기 전에 아빠에게 전화했다.
"아빠 사랑해요."라고 말하면
아빠도
"아빠도 아들 사랑해요."라고 하신다.

　한 학기 동안 책을 읽고 감정 찾기, 대표 감정 찾기, 경험에 대해 이야기 나누기, 사전적 의미 알기, 감정 메타포 활동까지 일련의 과정을 진행해요.

감정을 색으로 표현하기

　아이들이 생각하는 감정은 어떤 색일까요? 감정을 색으로 표현해보는 활동은 몹시 흥미로워요. 아이들은 다양한 색으로 감정을 표현해요.

　수곤이가 생각하는 '만족'의 색깔은 초록빛이 나는 연두색이라고 해요. 바닥에 깔린 회색은 만족하지 못했던 일이었는데, 점

점 만족하면서 연두색이 많아지게 된 거예요.

"만족은 연두색이다. 편안한 상태이기 때문이다. 연두색은 나뭇잎색이다. 나무가 있는 곳에 가서 숨을 쉬면 마음이 좋다."

봄날 새롭게 돋아나는 연둣빛 나뭇잎을 볼 때마다 수곤이의 마음이 떠오릅니다.

민형이가 생각하는 '통쾌'의 색깔입니다. 파란색 바다와 노란색 해가 인상적이에요. 선명한 파란색 바다에서 물고기를 잡는다는 상상만 해도 뭔가 통쾌해지는 기분이 듭니다.

"집에서 수학 문제를 푸는데 잘 안 풀려서 답답했다. 코가 막힌 것처럼 말이다. 갑자기 선생님 말이 생각났다. 그 순간 문제가 풀렸다. 온통 세상이 파란색이다."

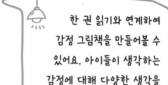

한 권 읽기와 연계하여 감정 그림책을 만들어볼 수 있어요. 아이들이 생각하는 감정에 대해 다양한 생각을 하게 합니다.

　감정 책은 일종의 기획 그림책으로 아이들과 일정한 틀을 잡았어요. 감정이 일어나는 상황을 담고 색으로 표현해보았어요.

감정 책 완성!

한눈에 보는 수업

책 창작 수업안

1차시	준비 및 밑다짐	감정 관련 그림책 만나기 발상의 시작 감정 정하기
2~4차시	책 쓰기	경험 나누기 스토리보드 짜기 글쓰기와 그림 그리기
5차시	출간	감정 책 출간하기 합평하기

차시별 지도안

차시		학 습 활 동	준비물
1차시	준비 및 밑다짐	**・읽기 전** 제목을 보고 이야기 상상하기 **・읽기 중** 글과 그림 살펴보기 등장인물의 마음 알아보기 정지 연극으로 표현하기	관련 글, 그림책, 동화책, 그림 등
2~4 차시	책 쓰기	**・읽은 후** 각자 인상 깊었던 장면과 감정을 찾아 나누기 대표 감정을 고르고 경험 나누기 감정의 사전적 의미 알아보기 메타포로 정리하기 **・스토리보드 짜기** **・그림 그리기**	A4 용지

5차시	출간	· 책 완성하기 · 친구들과 합평하기	완성한 책

함께 읽으면 좋은 책

『마음을 보았니?』(김춘효 글, 오정택 그림, 시공주니어, 2009)

『42가지 마음의 색깔』(크리스티나 누녜스 페레이라, 라파엘 R. 발카르셀 글·가브리엘라 티에리 그림, 레드스톤, 2015)

『소피가 화나면, 정말 정말 화나면』(몰리 뱅 지음, 책읽는곰, 2013)

『소피가 속상하면, 너무 너무 속상하면』(몰리 뱅 지음, 책읽는곰, 2015)

『기분을 말해 봐!』(앤서니 브라운 지음, 웅진주니어, 2011)

『오늘 내 기분은…』(매리앤 코카 레플러 지음, 키즈엠, 2015)

『으리으리한 개집』(유설화 지음, 책읽는곰, 2017)

『알사탕』(백희나, 책읽는곰, 2017)

가족 책 쓰기

준비

가족에 대한 생각, 『숲 속 사진관』 읽어보기, 자신의 경험 세 가지, 가족에 대한
마음

아이들의 관심은 '나'로부터 시작되어 가족과 사회로 확대돼요. 아이들
의 성장기에 가족의 정서적 지지와 소속감은 매우 중요한 역할을 담당해요.
다양한 가족 형태를 다룬 『숲 속 사진관』은 가족을 소재로 한 책이에
요. 사랑으로 맺어진 다양한 가족 형태를 통해 사랑과 다양한 가족 형태에

대한 존중이라는 메시지를 전해요.

밑다짐

5월은 가정의 달이니 가족과 관련된 이야기를 많이 하게 되지요. 교과 단원도 가족과 관련되어 있고요. 가족과 관련된 책을 아이들과 읽고 교과 연계 '가족 그림책' 만들기 프로젝트를 진행해봐요.

"어떤 이야기가 담겨 있니? 친구들에게 이야기해줄래?"

"『우리 아빠가 최고야』에는 항상 웃겨주는 우리 아빠가 나와. 나를 사랑 하니까 얼마나 웃겨주는지 몰라."

아이들이 그림책 속의 가족에 대해 이야기꽃을 피웁니다.

'가족' 단원과 연관 지어 우리 가족을 소개해봤어요.

"우리 가족은 네 명이에요."

"뭐? 세 명이잖아?"

"하늘이도 우리 가족이거든."

아영이는 당연하다는 듯 말했어요. 그러고는 하늘이 자랑을 하느라 바빴어요. 하늘이는 아영이가 키우는 강아지예요.

"우리 엄마는 운전을 잘해."

> 그림책을 보면서 자연스럽게 그림책의 형식, 글과 그림의 관계에 대해 알 수 있어요. 그림책을 읽어주며 표지, 면지, 책등, 그림, 글, 주제 등에 대해 다양한 이야기를 나누어요.

"누나는 얼마 전에 야구장에 갔어. 누나가 야구를 엄청 좋아해."

아이들이 너도나도 엄마, 아빠, 누나, 형, 할아버지, 할머니를 소개했어요.

"가족 소개 그림책 만들어요."

이렇게 자연스럽게 그림책의 소재를 찾아내요.

책 쓰기

자음 스토리보드 작성하기

간단한 스토리보드 학습지를 만들어봅니다. 'ㄱ부터 ㅎ까지 자음 낱말 써보기' 활동은 말놀이와 연관시켜도 좋아요. 가족을 소개하는 그림책이므로 기승전결의 이야기 구조보다는 일종의 말놀이 기획 그림책으로 시도해봅니다. 아이들이 '~은 ~을 좋아해' 또는 '~은 ~을 싫어해' 다음에 '나는 ~해'라는 말을 덧붙여 가족 소개는 물론 자신의 감정도 드러내게 해봐요.

"하늘이는 간식을 좋아해. 나는 과자가 좋아!"

"나는 하늘이가 좋아. 하늘이가 나를 좋아하는지는 모르겠지만……."

ㄱ 하늘이는 간식을 좋아해 난 과자가 좋아

ㄴ 아빠는 낮잠을 좋아해 잠꾸러기야

ㄷ 하늘이는 도롱뇽을 싫어해 아빠는 엄마도 징그럽대 난 귀여워

ㄹ 아빠는 라면을 엄청 좋아해 난 싫어

ㅁ 아빠는 마사지를 잘해 아빠가 문질러 주면 다 나아

ㅂ 나는 불을 좋아해 따뜻해서 잠이 쏟아지게

ㅅ 엄마는 스마트폰 쌓다면서 자기는 계속해 난 엄마가 미워

제목 하하호호 우리가족

ㅇ 우리아빠는 운동을 좋아해 나는 힘들어서 못해

ㅈ 엄마는 잔소리 듣기지 않아 그래서 난 엄마께 좋아

ㅊ 나는 책을 좋아해 맨날 책을 읽어

ㅋ 우리엄마는 커피를 좋아해 나는 쓰데 말이야

ㅌ 하늘이는 토를 잘해 냄새가 풀풀나

ㅍ 엄마는 포도를 좋아 해, 아빠는/시대

ㅎ 난 우리집 하늘아 좋아하늘인 나까 좋을지 몰르지만

자음 스토리 보드

그림 그리기

스토리보드가 완성되면 간단하게 스케치를 하고 그림을 그려요. 컴퓨터용 사인펜으로 그림을 그리고 노마르지 사인펜을 이용해 색칠을 했어요.

노마르지 사인펜을 사용하면 많은 시간을 들이지 않고 깔끔하면서 완성도 있는 그림을 그릴 수 있어요. 색칠은 종이에 직접 하기도 하고 컴퓨터 프로그램인 '그림판'을 활용하기도 해요.

누군가 잠을 자고 있네요? 누구일까요? 위쪽에 해가 떠 있는 걸 보니 낮인가 봐요. 해님도 잠이 들었네요. 일을 하다 잠시 들어와 곤히 잠든 아빠의 모습이었어요.

'작가의 말' 쓰기

작가의 말을 써봅니다. 가족 그림책에서는 가족 소개로 작가의 말을 대신하기로 했어요. 작가의 말 속에서 어린이 작가가 가족과 함께 생활하는 모습이 그대로 그려져요. 가족 책 쓰기는 아이들에게 가족에 대해 깊이 생각해볼 수 있는

멋진 네명의 우리가족을 소개합니다!
우리엄마 아빠는 배고플땐 밥해주고
힘들땐 도와주고 속상할땐 달래줘요.
천사보다 착해요.
우리 하늘이는 통학버스 온다고 알려주고
빨리 나오라고 월월 짖어 줘요.
하늘이는 초능력자 예요
나는 길에있는 나무에 물주고 딸기도 따와요.
우리가족 모두 화이팅!

기회가 됩니다. 가족 그림책은 아이들이 가정에서 가족들과 함께 행복한 5월을 보낼 수 있도록 매개체가 되어줍니다.

가족 책 완성!

한눈에 보는 수업

책 창작 수업안

1차시	준비 및 밑다짐	가족 관련 그림책 만나기 주제 정하기(가족 사랑)
2~4차시	책 쓰기	자음 스토리보드 작성하기 그림 그리기 작가의 말 쓰기
5차시	출간	가족 책 출간하기 합평하기

차시별 지도안

차시		학 습 활 동	준비물
1차시	준비 및 밑다짐	• **읽기 전** 표지 보고 이야기 나누기 • **읽기 중** 글과 그림 살펴보기 등장인물의 마음 알아보기 • **읽은 후** 가족 그림책 이야기 나누기 가족의 의미 찾기 메타포로 정리하기	관련 글, 그림책, 동화책, 그림 등
2~4 차시	책 쓰기	• **스토리보드 짜기** 가족이 좋아하는 것, 싫어하는 것 떠올리기 가족의 성격, 특징 생각하기 ㄱ부터 ㅎ까지 가족과 관련된 단어 찾아 쓰기 이야기 만들기 • **그림 그리기**	B4 용지
5차시	출간	• **가족 책 완성하기** • **친구들과 합평하기** • **가족과 함께 보기**	완성한 책

함께 읽으면 좋은 책

『우리 아빠가 최고야』(앤서니 브라운 지음, 킨더랜드, 2007)

『우리 엄마』(앤서니 브라운 지음, 웅진주니어, 2005)

『으리으리한 개집』(유설화 지음, 책읽는곰, 2017)

『우리 엄마 ㄱㄴㄷ』(전포롱 지음, 파란자전거, 2016)

『엄마가 너에 대해 책을 쓴다면』(스테파니 올렌백 글·데니스 홈즈 그림, 청어람아이, 2017)

『숲 속 사진관』(이시원 지음, 고래뱃속, 2015)

『돼지책』(앤서니 브라운, 웅진주니어, 2001)

『이상한 엄마』(백희나 지음, 책읽는곰, 2016)

생태 책 쓰기

준비

텃밭 체험, 『나무의 아기들』, 『나무는 좋다』, 『수박이 먹고 싶으면』 읽어보기, 경험 세 가지, 자연에 대한 마음

생태계는 순환해요. 씨앗이 자라 풀이 되고, 풀은 곤충이 먹고, 곤충은 새가 먹고, 새는 동물이 먹고, 동물이 죽으면 다시 씨앗의 토양이 돼요. 순환하며 성장하고 지속되는 것이지요. 자연과 더불어 살아가는 인간에 대해 이야기를 나눠보면 어떨까요. 인간 중심적으로 생각하는 자연 생태 문

제를 아이들과 직접 텃밭 체험을 하며 느껴봐요.

『나무의 아기들』은 제목처럼 다양한 씨앗들의 이야기예요. 씨앗의 생김새부터 멀리 퍼지는 방법, 저마다의 생존 방식을 보여줘요. 『나무는 좋다』는 나무의 좋은 점에 대해 쉽게 알려주는 책이에요. 『수박이 먹고 싶으면』은 생명의 신비로움에 대해 이야기해요. 우리가 쉽게 사 먹는 수박, 그 수박을 얻기 위해서는 많은 수고와 땀이 필요해요. 수박을 길러내기 위해 삶을 내어주는 농부 아저씨도 대단하고 잘 성장해나가는 수박도 대견해요.

밑다짐

『나무의 아기들』을 아이들과 함께 읽어요. 저마다 모양이 다른 씨앗이 흥미로워요. 나무의 아기들이 어떤 나무가 될지 상상해보는 재미도 있어요.

"가장 기억에 남는 씨앗은 어떤 씨앗인가요?"

"나랑 닮은 씨앗이 있나요?"

"여러분은 어떤 씨앗이 되고 싶나요?"

"나는 어떤 나무가 될까요?"

질문을 던지면 아이들이 저마다 이야기를 쏟아냅니다.

『수박이 먹고 싶으면』그림책을 함께 봅니다.

"수박이 먹고 싶으면 어떻게 해야 할까?"

"수박씨를 심어요."

학교에는 우리 반 텃밭이 있어요. 텃밭에는 직접 심은 방울토마토, 고추, 상추, 호박이 자라고 있어요. 호박 옆에 있는 수박 모종을 우리가 키우기로 했어요.

"선생님, 노란 꽃이 피었어요."

"아기 수박이 너무 귀여워요."

"우와, 이게 수박인가봐요."

범우의 말에 모두들 아기 수박으로 몰려들었어요. 수박 모종에서 넝쿨을 뻗고 꽃을 피우더니 조그만 수박 열매가 열려 있었어요. 아이들도 저도 처음 보는 광경이었어요. '삼삼수박'이라고 이름을 지어주고 팻말을 만들었어요. 우리는 아기 수박을 위한 헌시를 지어 낭독했어요.

아기 수박

　　　　한평화

수박수박

아기 수박

어린 몸에

작은 몸에

세상에 나와서

사는구나

사는구나

눈부신 햇빛에

미처 눈을 못 뜨는

아기 수박

조용히 눈을 감고

코오오

잠을 자네

"우리 수박 보러 가요. 너무 더워서 수박이 말라죽을 수도 있어요."

햇살이 쨍쨍 내려쬐는 텃밭에 시원하게 물을 뿌려주고 수박과 수박 줄기를 살펴요.

"수박아, 내가 주는 물 먹고 쑥쑥 자라라."

꼬마 농사꾼들은 수박과 많은 이야기를 나누었어요.

아이들의 바람대로 수박은 주먹 크기에서 축구공만 한 크기로 잘도 자랐어요.

"2주 정도 지나면 수박을 먹을 수 있겠는데."

아이들이 환호성을 질렀어요.

그런데 생각지도 못한 사건이 벌어졌어요. 삼삼수박이 감쪽같이 사라진 거예요. 아이들은 발을 동동 구르며 수박을 찾아다녔어요. 범인은 4학년 형이었어요. 실수로 줄기를 밟아 수박을 땄다는 거예요. 수확의 기쁨을 기다리고 있던 아이들은 실망했어요.

다행히 우리가 키우던 수박 옆에 또 다른 작은 수박이 자라고 있었고, 우리는 소중히 몇 주를 더 키워냈어요.

드디어 수박을 수확했어요. 우리는 수박을 교실로 가져와 하루 종일 관찰했어요. 수박에 관한 책도 보고 글도 읽고 그림도 그렸어요. 몇 달 동안 수박을 키우면서 여러 가지 사건이 있었어요. 학급 친구들과 함께 경험한 이야기는 훌륭한 이야깃거리가 되었어요.

책 쓰기

스토리보드 만들기

친구들과 수박을 키우면서 있었던 일을 이야기하며 어떤 글을 쓰고 어떤 그림을 그릴지 스토리보드를 작성했어요. 아이들이 생각을 보탰어요.

아이들은 자신의 경험과 생각을 그대로 글과 그림에 녹여냈어요.

"주인공을 수박으로 하자."

"수박이 없어진 이야기를 쓰자."

그림 그리기

A3 도화지에 16바닥의 그림을 그리기로 했어요. 9명의 아이들이 스토리보드를 보며 장면을 나눠 그림을 그렸어요.

글에 그림을 얹어 아이들의 그림책 『삼삼수박이 자라면』이 탄생했어요.

감상평 나누기

"처음으로 수박을 키워보았는데 첫 번째 수박은 어떤 사람에게 밟혀 실패했다. 두 번째 수박은 잘 키워 성공했다. 수박 책의 내용은 우리가 수박을 키운 과정이다. 마지막으로 수박화채를 만들어 먹었다. 우리가 책을 완성해 뿌듯하다."

호재는 완성된 책을 몇 번이나 읽어봤어요.

"수박을 책으로 만들 때 그림 그리기가 정말 재미있었다. 때로는 힘든 과정도 있었다. 나는 수박 꽃과 벌, 나비, 수박 줄기, 나뭇잎을 그렸다. 수박을 자세히 관찰

아이들이 함께 공유한 경험을 토대로 만들어가므로 학급 그림책으로 제작했어요.

할 수 있어 좋았다. 책이 완성되자 정말 재미있게 읽었다. 참 재미있는 그림책이다. 가족과 함께 보고 싶다."

몇 개월 동안 아이들은 친구들, 자연, 세상과 소통하는 모습을 보여줬어요.

생태에 관한 책 완성!

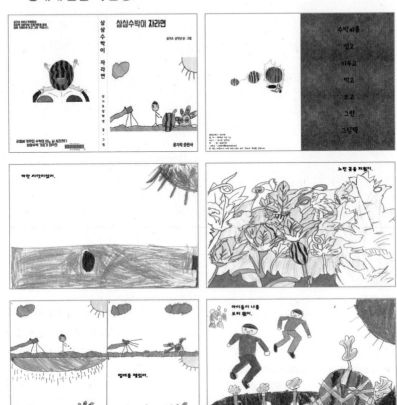

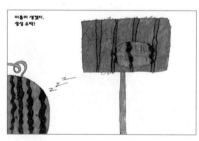

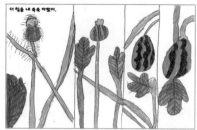

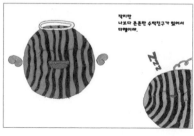

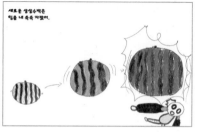

한눈에 보는 수업

책 창작 수업안

1차시	준비 및 밑다짐	생태 관련 그림책 만나기 주제 정하기
2~4차시	책 쓰기	스토리보드 작성하기 장면 그림 그리기
5차시	출간	생태 책 출간하기 합평하기

차시별 지도안

차시		학 습 활 동	준비물
1차시	준비 및 밑다짐	• **읽기 전** 제목과 표지를 보고 이야기 나누기 • **읽기 중** 『나무의 아기들』 그림책 읽기 가장 기억에 남는 씨앗은 어떤 씨앗인가요? 여러분은 어떤 씨앗이 되고 싶나요? 씨앗에 관련된 시를 써볼까요? 어떤 씨앗일 것 같나요? 나무는 왜 좋을까요? 씨앗은 어떤 마음일까요? 정지 연극으로 표현하기 • **읽은 후** 각자 인상 깊은 장면과 씨앗 찾기 나무의 좋은 점 이야기 나누기 나무의 아기들 시 쓰기 시 발표하며 나누기 메타포로 정리하기	관련 글, 그림책, 동화책, 그림 등
2~4 차시	책 쓰기	• **수박 키우기** 텃밭 수박 키우기 수박에게 편지 쓰기 이름 정하기 텃밭에 물 주며 가꾸기 수박 수확하기 • **스토리보드 짜기** • **그림 그리기**	B4 용지
5차시	출간	• **책 완성하기** • **친구들과 합평하기**	완성한 책

함께 읽으면 좋은 책

『나무의 아기들』(이세 히데코 지음, 천개의바람, 2014)

『나무는 좋다』(재니스 메이 우드리 지음, 시공주니어, 1997)

『마당 위 쑥쑥, 땅 아래 꿈틀』(케이트 메스너 글 · 크리스토퍼 실라스 닐 그림, 청어람미디어, 2017)

『수박이 먹고 싶으면』(김장성 글 · 유리 그림, 이야기꽃, 2017)

『상추씨』(조혜란 지음, 사계절, 2017)

『민들레는 민들레』(김장성 글 · 오현경 그림, 이야기꽃, 2014)

『할머니, 어디 가요? 쑥 뜯으러 간다』(조혜란 지음, 보리, 2009)

『수박 수영장』(안녕달 지음, 창비, 2015)

4

세시 풍속 책 쓰기

『사회 3-2』교과서에 나오는 세시 풍속 단원을 재미있는 옛날이야기 나누기로 재구성했어요. 사회 교과서와 지역화 교과서에 나온 세시 풍속의 읽을거리를 충분히 읽어봅니다. 옛날과 오늘날의 세시 풍속을 살펴보고 이를 바탕으로 시대 변화에 따른 세시 풍속의 변화를 이해하도록 구성해요.

이를 위해 옛날과 오늘날의 세시 풍속의 의미, 우리나라의 세시 풍속, 옛날과 오늘날의 세시 풍속 비교, 사라진 세시 풍속 등을 중심 내용으로 담아요.

준비

모둠 책상, 세시 풍속에 대한 조사, 상상력

책으로 써보고 싶은 세시 풍속의 종류를 정하고, 종류별로 모둠을 구성해서 진행해요.

밑다짐

사회 교과 시간에 설, 단오, 추석, 동지에 대해 조사해요. 때, 하는 일, 놀이, 음식, 입는 옷에 대해 조사하고, 옛날과 오늘날의 세시 풍속을 비교해봐요.

"설날에는 가족끼리 모여 차례를 지내고 세배를 해요. 복조리도 걸었어요. 야광 귀신도 조심해야 해요."

"야광 귀신이 뭐야?"

"설날에 신발을 훔치러 오는 귀신이에요."

이야기 쓰는 것에 부담을 느끼거나 거부감을 가지고 있는 아이들은 모둠 쓰기를 통해 함께 이야기 나누고 쓰는 과정에서 긍정적인 효과를 볼 수 있어요.

아이들은 야광 귀신에 대해 이야기할 때 정말 즐거워해요. 아이들은 귀신 이야기를 좋아해요.

"옛날에는 주로 농사를 짓고 살아서 농사에 관련된 세시 풍속이 많아요. 추석, 단오, 차례 지내기, 정월대보름이요."

아이들이 조사한 내용을 잘 발표해요.

이때 옛이야기 그림책을 몇 권 골라 함께 읽어요. 옛이야기에는 유머와 지혜가 담겨 있어요. 아이들도 집중하며 잘 들어요.

아이들과 전통 놀이를 해봅니다. 윷놀이도 하고 제기차기 대회도 해요.

책 쓰기

모둠별로 세시 풍속 중 한 가지 선택하기

아이들끼리 주제를 정해 모둠을 나눠요.

"야광 귀신 할래요."

"보름달 할래요."

"올게심니 이야기요."

"반보기도 재미있겠어요."

아이들이 저마다 독특한 소재를 찾아내요.

모둠원끼리 스토리보드 짜기

"엄마와 아이가 보름달을 보며 소원을 빌어요. 첫 번째로 소원을 빌어야 이루어진대요."

"시집 온 엄마가 외할머니랑 반보기를 하기로 했어요. 그런데 야광 귀신이 신발을 가져가버린 거예요. 뒷이야기가 궁금하면 그림책으로 확인하세요."

"농부가 야광 귀신으로부터 올게심니를 지키는 이야기예요."

모둠 발표

친구들 앞에서 스토리를 발표하고 서로 질문을 해요. 그런 과정을 통해 스토리 퇴고가 되겠죠? 교사는 아이들이 짠 이야기를 가급적 수정하지 않아요. 친구들끼리 의견을 나누며 이야기를 더하고 수정할 수 있도록 합니다.

스토리 곡선에 따라 이야기가 전개되고 한 편의 글이 완성되었어요.

삽화 그리기

이제 어떤 그림을 그릴지 간단하게 쓱쓱 배치해봅니다. 어떤 장면은 어떻게 누가 그릴 것인지 모둠에서 이야기를 나누며 역할을 정합니다.

한쪽에 걸린 올게심니가 보이시나요? 올게심니를 잘 몰랐던 아이들이 옛날 조상의 지혜와 풍습에 대해 훨씬 관심을 갖게 되었어요.

『엄마, 달마중 가자』의 첫 삽화입니다.
초가집에 엄마와 아들이 살았는데, 아들
은 꼭 이루고 싶은 소원이 있어요. 보름달
에게 첫 번째로 소원을 빌면 이루어진다
고 하는데요. 아이의 소원은 무엇이었을
까요? 아이다움이 묻어나는 이야기 전개에 놀랐어요.

『반보기』책은 이렇게 시작됩니다. 다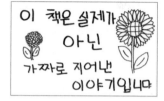
소 생소한 풍습이었던 『반보기』를 아이
들이 어떻게 풀어냈을까요? 옛날 조상들
의 삶을 엿볼 수 있었어요. 아이들은 야
광 귀신을 등장시켜 유머가 있는 이야기
로 만들어냈어요.

이렇게 책 쓰기를 하면서 여러 가지
세시 풍속에 대해 즐겁게 공부할 수 있
어요.

> 한 그림에 들어가는 글은
> 가급적 다섯 문장을 넘지
> 않도록 해요. 그림책은 글과
> 그림으로 표현하기 때문에
> 그림으로 표현할 수 있는
> 부분을 생각해봐요.

세시 풍속 책 완성!

한눈에 보는 수업

책 창작 수업안

1차시	준비 및 밑다짐	옛날과 오늘날 세시 풍속 비교하기 세시 풍속 자료 읽기 세시 풍속 놀이하기
2~4차시	책 쓰기	세시 풍속 주제 정하기 주제별 모둠 구성하기 세시 풍속 관련 스토리보드 짜기
5차시	출간	세시 풍속 책 출간하기 합평하기

차시별 지도안

차시		학습활동	준비물
1차시	준비 및 밑다짐	**· 읽기 전** 세시 풍속에 대해 알아보기 **· 읽기 중** 글과 그림 살펴보기 세시 풍속의 종류와 내용 알아보기 옛날과 오늘날의 세시 풍속 알아보기 우리 고장의 세시 풍속 알아보기 사라져간 세시 풍속 알아보기 **· 읽은 후** 각자 인상 깊은 세시 풍속에 대해 말하기 세시 풍속에 관한 경험 떠올리기 세시 풍속에 관련된 이야기 떠올리기	관련 글, 그림책, 동화책, 그림 등
2~4 차시	책 쓰기	**· 스토리보드 짜기** 각자 이야기하고 싶은 세시 풍속 정하기 세시 풍속별로 모여 이야기 나누기 등장인물 정하기 이야기 만들기 이야기에 알맞게 간단한 스케치하기 **· 그림 그리기** 글과 그림의 배치 정하기 그림 완성하기 완성된 그림에 글 넣기	B4 용지
5차시	출간	**· 책 완성하기** **· 친구들과 합평하기**	완성한 책

함께 읽으면 좋은 책

『똥떡』(이춘희 글·박지훈 그림, 사파리, 2011)

『야광귀신』(이춘희 글·한병호 그림, 사파리, 2011)

『달구와 손톱』(이춘희 글·이웅기 그림, 사파리, 2011)

『엄마 반 나도 반 추석 반보기』(임정자 글·홍선주 그림, 웅진주니어, 2014)

『솔이의 추석 이야기』(이억배 지음, 길벗어린이, 1995)

『분홍 토끼의 추석』(김미혜 글·박재철 그림, 비룡소, 2011)

5

고민 상담소 책 쓰기

"제가 정말로 아무에게도 말할 수 없는 고민이 있는데……."

주원이가 옆으로 슬며시 다가와 말했어요.

"무슨 일이야? 비밀로 할게. 선생님한테만 말해줄 수 있어?"

"말하기 싫어요."

주원이가 친구들을 슬쩍 쳐다봤어요.

"그럼 주원이가 말하고 싶을 때 쪽지로 써볼래?"

주원이는 슬며시 고개를 끄덕였어요.

며칠 후 주원이는 일기에 고민을 적어놨어요.

'제 고민은요. 친구들이 자꾸 저를 땅꼬마라고 부르는 거예요.'

자기가 싫어하는 별명을 불러서 기분이 나쁜데 말하지도 못하고 끙끙대는 주원이가 안쓰러워 보였어요. 주원이뿐만이 아니겠지요. 다른 친구들도 고민이 있을 거예요.

우리 반 아이들의 고민을 들어보고 친구들끼리 이야기 나누면 좋겠다는 생각이 들었어요. 삼삼 고민 상담소는 그렇게 시작되었답니다.

준비

『겁쟁이 빌리』, 고민

책 쓰기

고민 쪽지 적기

아이들이 각자 고민을 적어요. 고민이 여러 가지인 아이도 있어요.

"난 분노 조절 땅꼬마야. 내 고민은 내가 툭하면 화내고 짜증 내는 것과 몸무게가 30킬로그램인 거야. 그리고 키가 작은 것과 알파벳을 못 외우는 것이 고민이야. 화장실에 자주 가는 것도 슬프고, 기억력이 아주 나빠서 조금 전 일을 기억

하지 못하는 게 아주 슬퍼. 또 심심한 걸 참지 못해. 어떻게 해야 해결할 수 있을까?"

고민 쪽지 나눠 가지기
적은 쪽지를 무작위로 나눠 가져요.

가져간 쪽지에 상담해주기
친구의 고민에 대해 진심을 다해 상담해줘요.

"분노 조절 땅꼬마야, 화가 날 때에는 마음속으로 심호흡을 해봐. 그럼 나아질 거야. 그리고 몸무게가 30킬로그램인 것은 절대 고민이 아니야. 적당해. 그리고 넌 키가 작지 않아. 그리고 알파벳이 안 외워지면 자기 전에 한 번씩 소리 내어 읽어봐. 그리고 질문을 많이 하면 기억력이 좋아질 거야. 그리고 눈을 감고 가만히 있으면 심심하지 않을 거야."

친구들의 고민은 다양했어요. 아이들이라 그저 놀기만 좋아하는 줄 알았는데 그렇지 않았어요. 열 살 인생도 삶에 대해 진지하게 생각하고 있었어요.

아이들은 진지하게 고민을 적어 내려갔어요. 자기 내면을 깊숙이 들여다보았어요. 평소에 자신을 괴롭히던 감정과 생각을 정리했어요.

친구의 고민 쪽지를 보며 아이들은 '친구들도 나랑 비슷한 고민이 있었구나. 나만 힘든 게 아니었구나. 저 친구는 고민이 하나도 없는 줄 알았는데 이런 고민을 하고 있었다니, 친구에게 괜찮다고 말해주고 싶다'라고 생각하게 되었어요.

삽화 그리기

"고민과 상담 내용을 다 같이 보고 싶어요." 그래서 책을 만들기로 했어요. 자신의 고민과 친구의 상담 내용을 간단하게 그림으로 그려보았어요. 그러자 자신이 고민하는 내용을 형상화하며 명확하게 보게 되었어요.

제목 정하기

마지막으로 자신이 창작한 스토리에 어울리는 제목을 정해요. 제목을 정할 때 혼자 생각해내도 좋지만, 친구들에게 읽어주고 '제목 공모'를 해도 좋아요.

이 같은 활동 속에서 서로 주고받은 고민 상담 쪽지를 책으로 만들었어요.

고민 상담소 책 완성!

한눈에 보는 수업

책 창작 수업안

1차시	준비 및 밑다짐	『겁쟁이 빌리』 그림책 읽기 걱정, 고민 경험 나누기
2~4차시	책 쓰기	캐릭터를 정해 고민 쪽지 적기 진심으로 고민 상담해주기 익명으로 상담 내용 돌려주기
5차시	출간	책 출간하기 합평하기

차시별 지도안

차시		학 습 활 동	준비물
1차시	준비 및 밑다짐	•**읽기 전** 요즘 자신의 걱정거리나 고민은? •**읽기 중** 글과 그림 살펴보기 '겁쟁이 빌리'의 고민은? •**읽은 후** 고민을 누군가에게 털어놓았을 때 기분은? 나만의 고민 해결법은?	관련 글, 그림책, 동화책, 그림 등

차시		학 습 활 동	준비물
2~4 차시	책 쓰기	• **스토리보드 짜기** 고민 쪽지 적기 친구의 고민을 상담해주기 상담한 고민을 보고 친구에게 하고 싶은 말 하기 이야기에 알맞은 간단 스케치하기 • **그림 그리기** 글과 그림의 배치 정하기 그림 완성하기 완성된 그림에 글 넣기	B4 용지
5차시	출간	• **책 완성하기** • **제목 정하기** • **친구들과 합평하기**	완성한 책

함께 읽으면 좋은 책

『겁쟁이 빌리』(앤서니 브라운 지음, 비룡소, 2006)

『알사탕』(백희나 지음, 책읽는곰, 2017)

『3초 다이빙』(정진호 지음, 스콜라, 2018)

『걱정 괴물이 뭐래?』(앨리슨 에드워즈 지음, 갈락시아스, 2019)

『넌 왕따가 아니야!』(도리스 레허 지음, 웅진주니어, 2007)

창작 그림책 쓰기

이제 진짜 창작 그림책을 만들어보기로 해요. 그동안 책 읽기와 책 만들기를 통해 실력을 쌓았으니 아이들 스스로 스토리를 짤 차례예요. 2학년 학생들과 창작 그림책 쓰기 활동을 한 과정을 소개해봅니다.

준비

길잡이 그림책 보기

"함께 읽은 그림책 중 재미있었던 그림책을 찾아보자."

우리 반 친구들은 『민들레는 민들레』, 『마법 식당』 두 권을 골랐어요.

친구들과 함께 다시 읽어봐요. 읽는 내내 웃음이 끊이지 않아요. 그림책 내용 중 특히 재미있었던 부분에 대해 이야기 나누었어요. 황금 똥 이야기에 아이들은 웃음보가 터집니다.

"이런 경험 있었나요?"

"우리는 편식을 안 해서 변비가 없어요."

아이들이 자신 있게 말합니다.

『민들레는 민들레』는 반복되는 말 때문인지 아이들이 좋아하는 그림책이에요. 학교는 학교, 연필은 연필, 지우개는 지우개, 책상은 책상, 나무는 나무…….

이것저것 발표를 하면서 자연스럽게 아이들의 이야기로 이어집니다.

"혹시 써보고 싶은 이야기가 있니?"

"네!"

아이들이 우렁차게 대답합니다.

밑다짐

스토리보드 짜기

각자 쓰고 싶은 이야기를 만들어보기로 했어요.

아이들이 신이 나서 자기 이야기를 꾸며요.

"인물을 설정해보자."

"지우개 이야기를 쓸 거예요."

"똥 이야기 쓰고 싶어요."

"나도 똥이 주인공이에요."

"그래, 오늘은 하고 싶은 이야기를 마음껏 해보렴."

주제, 형식, 소재 모두 자유입니다. 슬쩍 보니 아이들이 뭔가를 신나게 쓰고 그립니다. 그동안 형식이나 주제를 너무 강조했나 싶어요. 아이들이 충분히 잘해낼 수 있었는데 말이에요. 꾸준한 책 읽기를 통해 책에 익숙해졌으니 자연스러운 분위기에서 기다려보기로 합니다. 쓰고 싶은 이야기여서인지 아이들이 쓱쓱 써 내려갑니다.

"이거 다 채워야 해요?"

"아니요. 하고 싶은 만큼만 해보세요."

"다했다. 제 이야기 들어보세요. 큭큭."

수호가 제일 먼저 연필을 내려놓자 다른 아이들도 덩달아 마음이 급해집니다.

"천천히 해도 괜찮아."

수호는 야리랑과 진쩐의 똥 소동 이야기를 꾸몄어요.

"야리랑은 똥을 싸고 싶은데 방귀만 뿡뿡 나와요. 진쩐이는 고구마를 먹으라고 해요."

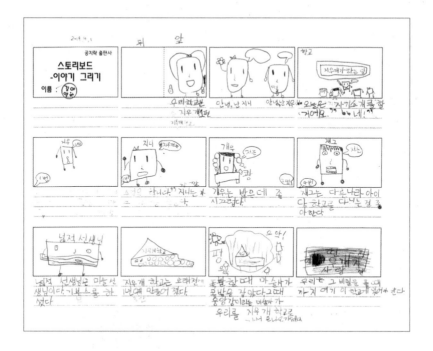

무연이는 슈퍼 황금 똥 이야기를 만들었어요. 황금 똥과 긴 똥의 탈출 작전 이야기입니다.

"배경은 한 아이의 배 속이에요. 배 속에서 나가지 못한 똥들이 회의를 시작했어요. 어떻게 하면 나갈 수 있지? 똥들은 탈출 작전을 시작했어요."

무연이가 이제까지 썼던 그림책 중 가장 재미있어하네요.

아영이는 "지우개는 지우개다"를 계속 말하더니 지우개 학교 이야기를 만들었어요.

"지우개는 지우개인데 학교에만 있으면 답답하잖아요. 지우개 학교에서 암호를 풀어 탈출할 거예요."

아이들끼리 돌아가면서 자신의 이야기를 들려주고, 친구들이 질문을 합니다.

"긴 똥은 왜 나와?"

"지우개 학교의 비밀은 뭐야?"

"진찐이 삐진 거야?"

아이들은 질문과 대답을 주고받으면서 스토리를 다듬고 정리합니다.

등장인물 형상화하기

내 이야기의 등장인물은 어떤 모습일까? 어떤 성격이야? 어떻게 생겼을까? 이 장면에서는 누가 등장하면 좋을까? 아이들이 스토리보드를 보며 등장인물을 아이클레이로 만들었어요.

인형극으로 퇴고하기

아이클레이 인형이 잘 말랐어요. 완성된 등장인물을 소개하고 자신의 스토리보드를 보면서 인형극을 해볼 거예요.

 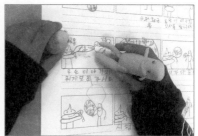

퇴고할 때에는 소리 내어 읽어보는 것이 큰 도움이 됩니다. 읽다 보면 어색한 부분이 있어요. 그런 부분을 수정하면 됩니다.

친구들은 이야기를 들으면서 질문을 하고 아이디어를 보태요. 아영이는 글을 새로 쓰고 싶다면서 스토리보드를 다시 작성했어요. 등장인물은 그대로 살리고 스토리를 일부 변경했어요.

드디어 퇴고를 하고 글이 완성되었어요. 그렇다고 완성된 것은 아니에요. 스토리는 장면 그림을 그리면서 수정을 반복하게 됩니다. 그러다 보면 처음에 썼던 스토리와는 전혀 다른 스토리가 되기도 합니다.

등장인물과 배경 그리기

원하는 색지를 골라 등장인물을 그린 다음 자릅니다.

장면 그림을 그려요. 다양한 채색 도구를 활용해봅니다. 원하는 채색 도구를 활용할 수 있도록 했어요. 파스텔, 색연필, 사인펜, 물감을 가지고 그림을 그리며 신이 났습니다.

배경 장면 그림을 색칠하고 인형 모양으로 잘라낸 등장인물을 배치하면서 그림책 스토리를 전개해요.

표지 그림과 제목 정하기

본문 그림 중에서 표지 그림으로 할 장면을 정합니다. 본문 그림을 새로 편집하여 표지 그림을 정하기도 해요. 그리고 제목을 정합니다. 제목은 스토리보드를 작성하기 전에 정하기도 하고 마지막에 정하기도 해요. 친구들과 이야기를 나누다 보면 재미있는 제목이 떠오르기도 한답니다.

스캔하기

아이들과 스토리보드를 보면서 등장인물을 배치하고 스캔을 합니다. 공용 복합기를 이용했어요.

보정 및 편집 작업하기

스캔한 그림에 글을 얹어요. 이 과정에 많은 시간과 노력이 필요해요.

글의 위치와 크기, 폰트의 종류를 정해요. 그림을 배치한 뒤 필요한 그림을 자르고 합성하면서 그림책의 형태를 만들어갑니다. 시간을 들이면 누구나 할 수 있어요. 끈기가 필요하지만요.

보정과 편집에 관한 자세한 내용은 다음 장에서 다룰 거예요.

나만의 그림책 완성!

한눈에 보는 수업

책 창작 수업안

1차시	준비 및 밑다짐	길잡이 책 골라서 읽어보기 좋아하는 길잡이 그림책 다시 보기 친구들에게 소개하기
2~4차시	책 쓰기	스토리보드 짜기 등장인물 형상화하기 인형극으로 퇴고하기 등장인물과 배경 그리기 표지 그림과 제목 정하기
5차시	출간	스캔하기 보정 및 편집 작업하기 책 출간하기

차시별 지도안

차시	학 습 활 동		준비물
1차시	준비 및 밑다짐	**· 읽기 전** 좋아하는 그림책 고르기 **· 읽기 중** 길잡이 그림책 다시 보기 **· 읽은 후** 이 그림책을 좋아하는 이유를 생각해보기 쓰고 싶은 주제 정하기 친구들에게 그림책 소개하기	길잡이 책

차시		학 습 활 동	준비물
2~4 차시	책 쓰기	**• 스토리보드 짜기** 등장인물, 사건, 배경 짜기 스토리를 생각하며 글을 쓰고 그림 그리기 아이클레이로 인형 만들어 퇴고하기 **• 그림 그리기** 등장인물과 배경 그리기 그림 완성하기 완성된 그림에 글 넣기 표지 그림과 제목 정하기	B4 용지
5차시	출간	**• 스캔하기** **• 보정 및 편집 작업하기** **• 책 완성하여 함께 보기**	완성한 책

함께 읽으면 좋은 책

『민들레는 민들레』(김장성 글·오현경 그림, 이야기꽃, 2014)

『마법 식당』(김진희 지음, 비룡소, 2017)

생각을 담은 카툰 북 쓰기

준비

『송송이의 손 그림 일러스트 따라 그리기』, 드로잉 노트, 연필, 펜, 색연필

※ 길잡이 책은 얼마든지 바꿀 수 있어요.

밑다짐

아침 활동 때 일러스트 북을 보고 따라 그리면서 일러스트의 기초를 꾸준히 다져요. 일러스트 그리기가 익숙해지면 자기만의 캐릭터를 창조해

봐요. 그 캐릭터가 카툰 북의 주인공이 되는 거예요.

책 쓰기

주제 정하기

예시 작품 주제는 '사랑'이에요.

캐릭터 만들기

예시 작품에서는 병아리와 지렁이, 두 캐릭터를 설정했어요.

캐릭터 간의 관계 짜기

예시 작품에서 병아리와 지렁이의 관계는 병아리가 지렁이를 짝사랑하는 사이예요.

말풍선으로 주고받는 대사 짜기

예시 작품에서 지렁이가 선인장 꽃이 보고 싶다고 말해요. 그래서 병아리가 밤낮을 가리지 않고 열심히 물을 주지요. 그런데 선인장이 죽고 말아요. 그러자 지렁이가 "많이 준다고 해서 많이 사랑하는 것은 아니야"라고 말하고는 토라져서 들어가버려요.

카툰 북 『알자인생』 완성!

8

'한 권 읽기'로 책 쓰기

준비

책 창작 수업을 '한 학기 한 권 읽기'와 별도로 진행하기보다 함께 연결 지어보면 어떨까요? 독서 활동이 책 창작이라는 독후 활동과 연결된다면 책 쓰기는 생각보다 쉽고 재미있는 활동이 됩니다.

먼저 활동을 이끌어줄 책을 골라볼까요? 어떤 책이든 책 만들기와 연결시킬 수 있어요. 이번에는 『모닉의 홍차 가게』를 골랐어요. 젠트리피케이션gentrification, 나의 기억 구슬, 느림의 가치, 기계적 속도의 경쟁 사회, 가족 등 다양한 내용에서 책의 소재와 주제를 뽑아낼 수 있어요.

자, 그럼 먼저 준비를 해볼까요? 소재와 주제 수집 계획표예요. 이번에는 준비에 노력을 기울여야 해요. 마치 각 지역의 특산물을 공수해와서 요리를 준비하듯 말이죠. 다음은 예시예요.

읽기 과정	소제목	활동 내용	활동 날짜	스스로 점검하기
읽기 전		활동 1 지우개 지우기 활동		☆☆☆
		활동 2 이야기 상상하기		☆☆☆
읽기 중	1. 홍차 가게의 위기 2. 비밀 상자	활동 3 젠트리피케이션		☆☆☆
	3. 단서 4. 알랭 사장의 추격	활동 4 인물의 성격과 가치		☆☆☆
	5. 검은 숲 6. 거미 마녀	활동 5 색으로 말해요		☆☆☆
	7. 풀린 단서 8. 기억 구슬	활동 6 나의 기억 구슬		☆☆☆
	9. 마법 연료 10. 악랄 마녀 선발 대회	활동 7 느림의 가치		☆☆☆
	11. 빠띠 12. 화산 괴물과 마시멜로	활동 8 교육 연극 – 핫시팅		☆☆☆
	13. 눈깔 시계 14. 대마왕과의 결판	활동 9 랩 만들기		☆☆☆
	15. 시나부리야리두코아마슈 16. 마법의 홍차 한 잔	활동 10 주제 파악하기		☆☆☆
읽기 후		생각을 담은 그림책 만들기		☆☆☆

한 권 읽기로 배당된 교육 과정 시수는 한 학기당 8차시예요. 미술 교과

와 창의적 체험 활동을 재구성해서 15차시로 구성하면, 한 권 읽기와 그림책 창작을 충분히 해낼 수 있어요.

소제목별로 다양한 활동 내용으로 구성되어 있어요. 1차시부터 10차시까지 활동하는 동안 '나', '너', '세상'을 들여다보는 힘을 기를 수 있어요.

자, 준비가 다 되었다고요? 그렇다면 밑다짐에 들어가볼게요.

밑다짐

주제 잡기

활동 중 가장 관심이 가고 이야기 주제로 삼고 싶은 것을 골라요. 그리고 같은 활동을 선택한 사람끼리 모여요. 그리고 왜 그 활동을 선택했는지 서로 이야기 나누면서 이야기의 주제를 명확히 잡아가요.

'활동 3'을 선택한 아이들은 젠트리피케이션에 대해 좀더 알고 싶고, 이야기로 표현해보고 싶다고 했어요. '활동 7'을 선택한 아이들은 느림의 가치에 관한 이야기를 써보고 싶다고 했어요.

이렇게 같은 주제별로 모인 아이들을 한 팀으로 묶어줘요. 소인수 학급이라면 개별 활동으로 진행해도 좋아요.

배경 지식 활성화

주제를 잡았으면 그 주제로 여러 사람과 이야기를 나눠요. 후배, 또래, 선배, 부모님, 선생님 등 가능하면 다양한 연령층과 이야기를 나눠보게 해요.

먼저 팀 내에서 가능한 질문을 만들어 답해보고, 그다음으로 주변인으로 확장해서 사람들의 생각을 들어보는 시간을 갖도록 해요.

다음은 아이들이 만든 질문의 예시입니다.

젠트리피케이션에 대해 어떻게 생각하나요?

우리 사회의 문제점은 무엇이라고 생각하나요?

왜 빠른 것에 집착하게 되었을까요?

왜 그렇게 생각하나요?

그 원인은 무엇일까요?

느린 것은 게으른 것일까요?

게으른 것은 바람직하지 못한 걸까요?

여러 사람과 이야기 나누다 보면 미처 알지 못했던 점을 발견하게 되지요. 그런 부분을 잘 메모해두면서 책 창작을 위한 배경 지식을 활성화해요. 인터뷰로 풀리지 않는 궁금한 점은 누리집이나 책을 찾아보면서 자신의 책을 위한 밑다짐을 하도록 해요. 좋은 재료가 준비되었다 해도 손질법을 제대로 모른다면 그 재료의 본연의 맛을 살릴 수 없으니까요.

등장인물 설정하기

이제 이야기를 풀어낼 수 있는 등장인물을 생각해볼 차례예요.

인물이라고 해서 꼭 사람이어야 하는 건 아니라고 알려줍니다. 동물, 식물, 물건, 바람 등 어떤 것이나 가능하다고 말이죠. 그러면 아이들은 평소에 자신이 관심을 두던 대상을 인물로 정해요.

아이들의 인물 설정 과정 예시

사람들은 도시를 선호해요. 시골에서는 젊은 층을 찾아볼 수가 없어요. 시골이 거북이라면 도시는 토끼 같아요.	촌스럽다는 말도 시골을 비하하는 말이에요. 상대적으로 '차도녀', '차도남'하면 세련돼 보여요.	시골에 대한 긍정적 이미지를 찾아주고 싶어요.	그래서 제 그림책의 등장인물은 시골로 전학 간 아이로 할래요.
미국에서 흑인에게 유독 강압적으로 진압한 백인 이야기를 들었어요.	피부가 까만 것이 죄가 될까요?	까맣다 하니 까마귀가 떠올랐어요. 까마귀는 흉조로 생각하잖아요.	그래서 제 그림책의 등장인물은 까마귀로 정했어요.

책 쓰기

스토리 곡선과 스토리보드 짜기

그다음으로 스토리 곡선에 이야기를 간단하게 배치해봐요.

스토리 곡선은 스토리보드를 짜기 전 활동으로 구체적인 스토리를 잡기에 앞서 스토리의 흐름을 정비하는 활동이에요.

스토리 전개는 마치 하나의 산을 올랐다 내려가는 모습이에요. 이것을 기-승-전-결, 발단-전개-절정-결말, 처음-중간-끝, 1막-2막-3막이라고 하지요.

아이들에게 기승전결이라는 용어를 사용하면 스토리 창작을 딱딱한 과정으로 인식하게 되니 그런 용어는 사용하지 않는 것이 좋아요. 이 산 모양 그림에 자신의 이야기를 간단하게 적어보라고 하면 기승전결에 대입하지 않아도 스토리의 흐름을 적어나가요.

스토리 곡선의 예를 들어볼게요.

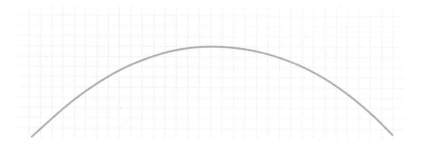

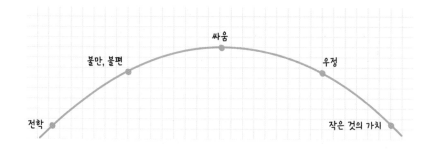

싸움

불만, 불편

우정

전학

작은 것의 가치

이 학생의 스토리 곡선을 보면 시골로 전학 온 학생이 작고 보잘것없는 것의 가치를 발견해가는 이야기를 쓰려 한다는 것을 한눈에 알 수 있어요.

스토리 곡선 그리기 활동에서는 스토리 곡선 나누기 활동이 꼭 필요해요. 스토리 곡선 나누기 활동은 자신의 스토리 곡선을 다른 사람에게 이야기하면서 보충하고 수정하는 과정이에요. 작가들이 하는 합평 활동이라고 생각하면 돼요. 독자의 입장이 되어 스토리에 더 넣어야 할 부분과 빼야 할 부분, 좋은 점, 아쉬운 점 등을 나누는 활동이에요.

> 스토리 곡선과 스토리보드 작성에서는 합평이 가장 중요해요. 합평은 자신의 이야기를 말하고 다른 사람의 생각을 듣는 거예요.

간단한 스토리 곡선이 완성되면 스토리보드를 작성해요. 스토리보드는 그림책 장수를 고려해 26장 정도로 이야기를 꾸며보게 해요. 양식은 간단해요. A4 또는 B5를 등분해서 글과 그림을 넣어보는 거예요.

이때 글과 그림을 완벽하게 자리 잡으려고 할 필요는 없어요. 스토리 흐름을 보고 빼야 할 부분과 보충해야 할 부분 등으로 생각해보기 위한 활동이기 때문에, 그림과 글은 자신이 알아볼 수 있을 정도로만 간략하게 넣어보도록 해요.

스토리보드 양식

그림 그리기

그림책에서 그림과 글의 관계를 알아야 해요. 단순히 글을 그림으로 바꾸는 활동이 아니라는 것을 명시해둘 필요가 있어요. 글에서 담지 못하는, 또는 글에 담지 않은 숨은 것들이 그림으로 표현되어야 한다고 이야기해줘요. 예를 들어 설명해볼게요.

우리 반은 32명이에요.

    문장만 보면 단순히 학급의 학생 수를 나타낼 뿐이지만, 그림을 함께 보면 빽빽이 앉아 있는 아이들 모습, 각각의 다양한 표정, 움직일 틈도 없는 공간 등을 복합적으로 느낄 수 있고, '작가가 이것에 대해 문제 제기를 시작하는구나' 하고 느낄 수 있어요.

    그림책에서 글과 그림은 이처럼 함께 봐야 제대로 이해할 수 있는, 하나의 작품이라고 생각하면 돼요.

    삽화 지도 팁은 다음과 같아요.

팁 1 글의 의도를 살릴 수 있는 다양한 재료를 활용하게 해요. 그러기 위해서는 재료에 대한 사전 탐색이 필요하겠죠. 미술 시간을 활용해 그리기 재료를 먼저 탐색해보는 것이 좋아요.

팁 2 잘 그린 그림에 대한 편견을 깨줘야 해요. 아이들은 사실적인 그림을 잘 그린 그림이라고 생각해요. 실제와 똑같이 그려낸 그림을 잘 그렸다고 생각하지요. 몇몇 그림책을 보여줘도 좋고요, 화가의 작품을 보여줘도 좋아요.

팁 3 그래도 그리기를 자신 없어하는 아이가 있다면, 그리고자 하는 대상을 찾아보거나 사진을 찍게 해서 따라 그려보게 해요. 그리고 그렇게 따라 하는 가운데 자기만의 방식으로 변형해보게 해요.

삽화에 글 넣기

글을 포스트잇에 적어 삽화 옆에 붙여요. 그러면 합평을 하면서 언제든 수정할 수 있어요.

삽화에 해당하는 글을 포스트잇에 적어서 붙여요. 합평을 통해 글에 대한 의견을 여러 차례 나눠요. 합평은 작품의 완성도를 높일 수 있는 방법이므로 여러 번 강조해도 좋아요. 합평을 하면서 서로 의견 나누는 과정을 통해 '나', '너', '세상'을 보는 안목이 형성되는 교육적 효과가 있어요.

문장에 대한 합평이 끝났다면 맞춤법을 다시 확인해요. 내용을 여러 번 퇴고하고, 끝으로 맞춤법을 점검해요. 받아쓰기 형식으로 맞춤법 실력을 향상시키지 않아도 자신의 책에 들어갈 글이기 때문에 스스로 열심히 검토하니 일석이조예요.

다음은 앞의 과정을 통해 삽화에 글을 붙인 예시예요.

사람들은 큰 것을 좋아합니다.
큰 집,
큰 차,
큰 다이아몬드,
큰 금덩이,
큰 도시,
큰 학교까지

그런데
왜
사람들은
큰 것을 좋아할까요?

제가 다녔던 큰 학교 이야기를 해보겠습니다.
30여 명의 학생이 네모난 교실에 앉아 있습니다.
발표하려고 일어날 때 뒤에 앉은 친구의 필통을
떨어뜨리는 일이 많습니다.
주목받는 애들은 30여 명 중에서 몇 명뿐입니다.
나머지는 배우가 아니라
무대의 배경이 된 느낌이죠.

이렇게 그림과 글의 조화를 살피면서 글을 넣어요.

이제 거의 마무리 단계에 왔어요. 자신이 쓰고자 한 주제와 생각을 연결하면 돼요. 주제를 잘 나타내는 명언이나 책 속 한 줄 등을 찾아 넣어주는 거예요. 그럼으로써 작가로서 글 속에 담으려 한 의도를 독자와 함께 공유할 수 있는 플랫폼을 만들어보는 것이죠.

지금까지 예시로 들어온 그림책 작업에서는 프랑스의 사회학자이자 철학자인 피에르 상소 Pierre Sansot 의 말을 연결했어요.

다음은 생각과 연결한 뒤표지예요.

이 아이는 피에르 상소의 무수한 문장 중 "한가롭게 거닐고, 글을 쓰고, 타인의 말에 귀를 기울이고, 휴식을 취함으로써 우리의 영혼은 비로소 숨 쉴 수 있다"라는 말이 자신의 글과 어울린다고 생각하여 뒤표지를 다음과 같이 완성했어요.

한가롭게 거닐고, 글을 쓰고
타인의 말에 귀를 기울이고,
휴식을 취함으로써
우리의 영혼은 비로소 숨 쉴 수 있다.
—피에르 상소

이 책을 어떤 독자가 읽었으면 좋겠는지 생각해보게 하고, 이 책을 권하는 독자에게 전하는 '작가의 말'을 써보게 했어요.

아이는 다음과 같이 적었어요.

"이 책을 남보다 더 화려하게 더 호화스럽게

더 높이 더 멀리 더 빠르게 가기 위해

힘든 하루를 사는 당신에게 바칩니다."

제목 정하기

이제 마지막 단계예요. 가제로 쓰기 시작한 그림책에 진짜 제목을 붙여
줄 차례예요. 처음에 정한 제목을 그대로 쓰는 아이도 있지만, 그림책을 만
들면서 생각이 깊어짐에 따라 다른 제목을 붙이는 아이들이 많아요. 그렇
게 마지막으로, 자신이 만든 그림책에 어울리는 제목을 정해요.

예시로 든 그림책의 제목은 처음에는 『시골로 전학 간 아이』였는데, 생
각 넓히기를 통해 피에르 상소를 만나고 다른 친구들과 합평도 하면서 제
목이 바뀌었어요. 아이가 최종으로 정한 제목은 『작은 것의 반란』이에요.

표지 그림 그리기

제목을 정한 뒤에는 표지
그림을 그려요. 표지 그림은 새
로 그려도 되고, 삽화 중에서
대표할 만한 그림을 골라도 돼
요. 이 아이는 본문 삽화 중에
서 한 컷을 골랐답니다.

이제 원화를 스캔하고 컴퓨터로 글을 넣는 작업을 하면 끝이에요. 이 부분은 모든 책을 만들 때 공통되는 작업이기 때문에 7장에서 통합하여 다룰 거예요.

한눈에 보는 수업

책 창작 수업안

1~10차시	준비 및 밑다짐	'한 학기 한 권 읽기' 활동
11~15차시	책 쓰기	스토리 곡선과 스토리보드 짜기 삽화 그리고 글 넣기 생각 연결하기 제목 정하기 합평하기
16차시	출간	책 전시하기

차시별 지도안

차시	학 습 활 동		준비물
1~10 차시	준비 및 밑다짐	• **읽기 전** 지우개 지우기 활동, 삽화 보고 연상하기 • **읽기 중** 한 학기 한 권 읽기 활동 여덟 가지	동화책 한 권

차시		학 습 활 동	준비물
11~15 차시	책 쓰기	**· 읽은 후** 스토리 곡선 및 스토리 보드 짜기 삽화 그리고 글 얹기 생각 연결하기 제목 정하기 합평하기	A4 용지
16차시	출간	**· 책 전시하기**	완성한 책

그림책 비틀기로 책 쓰기

한 권 읽기와 연계하여 15차시 정도 진행하는 것이 벅차거나 1, 2학년 처럼 아직 한 권 읽기 시수가 교육 과정 내에 확보되지 않았다면, 그림책 비틀기를 통해 생각을 담은 그림책을 만들 수 있어요.

준비

길잡이 책 고르기

학교 도서관에 아이들을 데리고 갑니다. 그리고 각자 마음에 드는 그림책 세 권을 고르게 해요. 왜 그 그림책이 마음에 드는지 서로 이야기를 나눠요.

한 아이가 그림책 세 권을 골라왔어요. 모두 원피스를 입은 공주가 주인공인 그림책이었어요.

"이 책들이 왜 마음에 들었어?"

"마음에 들었다기보다는 마음에 걸렸어."

"왜?"

"공주가 다 똑같아서."

아이는 공주 이야기를 담은 그림책 세 권을 가지고 교실로 갔어요.

밑다짐

그림책 비틀기

그림책 비틀기는 한마디로, 그림책을 분석해 그림책 속에서 비판할 거리를 찾아내는 거예요. 그림책에 나온 스토리를 스토리 곡선에 써보기, 그림책의 그림 기법을 알아보기, 그림책의 스토리에 문제점은 없는지 비판적으로 보기, 그림책의 전개 형식을 분석하고 자신의 그림책에 응용해보기 등의 활동을 통해서 말이죠.

그림책의 스토리 전개 형식을 분석하여 자신의 그림책에 응용한 예를 살펴볼게요.

한 아이가 길잡이 책으로 안녕달이 쓴 『수박 수영장』과 그 밖의 두 권을 골라왔어요. 『수박 수영장』은 수박 수영장이 열려서 사람들이 남녀노소 가릴 것 없이 수박 수영장에서 물놀이를 즐기는 모습을 부드럽게 다룬 그림책이에요.

짝과 함께 그림책 비틀기를 시작했어요. 그림책을 분석하는 거죠.

처음에는 "와, 재밌어. 이렇게 수박을 수영장으로 표현해서 그 안에서 튜브도 타고 수영도 해"라고 보이는 그대로 서로 이야기를 해요.

"수박 물이 점점 줄어드는 것은 마치 먹어치우는 모습을 그대로 나타낸 것 같아."

비유하고 있는 모습도 찾아내지요.

"여름 하면 물놀이가 대표적이잖아. 그런데 지금 우리가 제일 많이 갖고 노는 것이 뭐야?"

놀이에 초점을 맞추기 시작했어요. 그리고 그림책 비틀기를 이어나가요.

"우리는 액괴, 슬라임이지."

"그런데 액괴, 슬라임도 수박 수영장처럼 누구나 가지고 놀아도 되는 걸까?"

"우리 엄마는 이거 만지면 혼내. 몸에 안 좋다고."

"아! 그럼 나는 우리들이 가지고 노는 슬라임을 소재로 써볼래. 슬라임 수영장."

그렇게 아이는 책 쓰기의 방향을 잡았어요.

또 다른 예를 들어볼게요. 자신이 골라온 그림책을 비판적인 시각으로 비틀어보는 경우예요. "왜?"라는 질문을 무수히 던져보는 활동을 하죠. 역시 짝 활동으로 이루어져요. 서로에게 다음과 같은 질문을 던져보게 해요.

"왜 주인공은 이래야 하는 거야?"

"왜 저렇게 행동하는 거야?"

"왜 이런 결말을 낸 거야?"

"왜 이런 색을 사용한 거야?"

"왜 늘 행복하게 끝나야 하는 거야?"

서로 질문을 던지고 답을 하면서 그림책을 비틀어보는 거예요.

짝을 바꿔가면서 다양한 친구들과 만나게 해요. 각자 가지고 있는 배경지식이나 경험에 차이가 있으므로 많은 친구들과 짝 활동을 할수록 그림책 비트는 실력이 늘어나요.

공주가 등장하는 책 세 권을 골라온 아이는 그림책 비틀기 활동을 통해 "공주는 왜 불편한 옷을 즐겨 입어야 하지? 공주는 왜 여성스러워야 하지? 여성스러운 것이 무엇일까? 여성스럽지 않은 건 또 무엇일까?" 등의 의견을 주고받았어요.

스토리 방향 잡기(주제 잡기)

그림책 비틀기가 끝나면 스토리 방향 잡기 활동을 해요. 일종의 주제 잡기예요. 스스로 생각하고 고민해보는 시간이죠. 작가들이 자신의 생각을 나타내기 위해 고뇌하듯이 어린이 작가들도 그렇게 고뇌하는 시간이 필요해요. 그림책 창작이 의미 있는 것도 바로 이렇게 성찰하는 시간이 있기 때문이에요.

앞서 예를 든 『슬라임 수영장』을 쓰기로 한 아이는 고민을 거듭하더니 슬라임을 파는 어른들의 상술에 아이들이 병들어가는 이야기를 쓰고 싶다고 했어요.

공주 책 세 권을 고른 아이는 주제를 이렇게 잡았어요.

"사람으로서 공주를 표현해볼 거예요."

아이는 고민의 결과를 말하며 스토리의 방향을 잡아갔어요.

스토리 방향 잡기에서는 스스로에게 이런 질문을 계속 던져보게 해요. 아이들은 답을 찾을 때까지 자신에게 질문을 해요.

질문 이 책이 세상에 꼭 나와야 하는 이유가 뭘까?

그러면 아이들은 신기하게도 스토리의 방향을 찾아나간답니다.

책 쓰기

스토리보드 작성하기

스토리의 방향을 찾으면 이제 그걸 풀어내는 스토리를 짜요. 스토리는 스토리보드에 짜면 돼요. 스토리보드는 두 가지 방식 가운데 아이의 성향에 따라 선택하게 해요.

첫 번째는 A4나 B5 용지를 접어서 8칸을 만들어 스토리를 짜보게 하는 거예요. 세로로 한 번, 가로로 두 번을 접으면 8칸이 되지요.

그러면 처음부터 글과 그림을 얹어가며 스토리를 써봐요. 이렇게 했을 때 좋은 점은 스토리가 한눈에 보여 흐름을 놓치지 않는다는 거예요. 아쉬운 점은, 스토리를 짜다 보면 5번

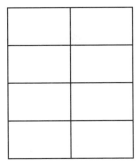

8칸 스토리보드

에 그린 그림이 2번으로 왔으면 좋겠다는 생각이 들 수도 있어요. 그러면 그림과 글을 옮겨야 하는데, 다시 그리고 쓰려면 번거롭지요. 아이들에게 번호만 바꿔서 써보라고 해도 다시 하겠다는 아이가 의외로 많아요.

그래서 두 번째 방법은 포스트잇을 사용하는 거예요. 포스트잇 한 장 한 장에 자신이 담을 그림과 간단한 글을 메모해요. 그렇게 26장에서 30장 정도를 적어가며 책상에 나란히 붙여요. 그러면 언제든 컷을 옮기면서 이야기 전개를 바꿔나갈 수 있어요.

아이의 성향에 따라 두 가지 방식 중 편한 방법을 선택해서 하게 해요.

공주 책을 고른 아이가 스토리보드 짜는 과정을 살펴볼게요.

"뾰족한 구두는 허리뼈와 목뼈에 좋지 않아. 그래서 운동화를 좋아하는 공주를 만들어볼래."

"맞아, 여자면 다 곤충이 나타나면 소리를 지르고 도망간다고 생각해. 나처럼 곤충을 좋아하는 공주는 어때?"

"공주라고 하면 드레스를 입어야 할 것 같아. 드레스는 예쁘지만 밟히고 끌려서 얼마나 불편할까. 짧은 반바지를 좋아하는 공주는 어때?"

"공주라면 금은보화로 치장하는 걸 좋아한다고 생각하지. 무거운 금덩이를 머리에 올리는 것만큼 괴로운 일이 있을까. 머리띠 하나면 되는데 말이야……."

이렇게 자신의 생각을 전개하고 짝 토론에서 나온 의견을 조합해서 8칸으로 나뉜 종이 한쪽에는 그림을, 다른 한쪽에는 글을 써가며 스토리보드를 작성하게 해요. 스토리보드를 꼼꼼하게 만들 필요는 없어요. 자신이 스토리의 흐름을 파악하여 어떤 그림이 들어가는지만 알면 되니까요.

다만 스토리를 완성하는 과정에서 반드시 합평이 필요해요. 친구, 선배들, 선생님 또는 부모님과 이야기 나누는 합평 시간을 통해 아이는 생각을 더 풍부하게 표현할 수 있어요. 이는 책 쓰기에서 아주 중요한 부분이에요.

삽화에 글 넣기

저학년은 그림을 가능한 한 크고 단순하게 그리도록 지도해요. 강조하는 것을 크게 부각시키는 그림 기법에 대해 알려줍니다.

다음의 그림책 삽화는 단순하면서도 의미 있게 다가갈 수 있는 기법들을 사용해 그렸어요. 이런 그림 기법을 아이들에게 소개해주면 좋아요. 공주 책을 고른 아이가 그린 삽화예요.

단순하게 반복되는 구조도 멋진 그림책이 될 수 있죠? 그림책에서 중요한 것은 현란하고 능란한 기술이 아니에요. 생각할 거리가 들어 있는 그림책을 만드는 것이 핵심이에요.

이렇게 삽화를 그린 뒤 포스트잇에 메모한 글을 붙입니다. 아이가 직접 쓰면 그것을 스캔해도 되고, 컴퓨터 프로그램으로 작성해서 넣어도 돼요.

다음은 글을 넣은 모습이에요.

나는 공주입니다

이가은 글/그림

반남출판사

나는 공주입니다.

하지만
예쁜 공주는 아니에요.

나는
꽃을 좋아하는
공주는 아니에요.

다리가 6개인
곤충을 좋아하는
공주예요.

나는
분홍색을 좋아하는
공주는 아니에요.

파란색을 좋아하는
공주예요.

나는 긴 머리를 가진
공주는 아니에요.

짧은 머리를 좋아하는
공주예요.

나는
드레스를 좋아하는
공주는 아니에요.

짧은 바지를 좋아하는
공주예요.

나는 보석을 좋아하는 공주는 아니에요.	 먹을것을 좋아하는 공주예요.

나는 뾰족 구두를 좋아하는 공주는 아니에요.	 운동화를 좋아하는 공주예요.

 나는 왕관을 좋아하는 공주는 아니에요.	 간편한 머리띠를 좋아하는 공주예요.

그래도 나는 공주예요.	편견에 기반한 의견은 항상 최대의 폭력으로 지탱된다. —프랜시스 제프리

생각과 연결하기

그림책을 완성하는 과정 중에 자신에게 질문을 던지게 해요.

> 질문 이 책이 세상에 꼭 나와야 하는 이유가 뭘까?

그러면 아이들은 자신이 말하고자 하는 바를 더 굳건히 다져갈 수 있어요. 이 아이는 "편견에 대해 말하고 싶어요"라고 하며, 책이 완성될 때쯤 편견이라는 단어와 자신이 쓴 글을 연결했어요.

그래서 '편견'에 관한 명언들을 찾아봤어요. 그중 자신의 그림책과 가장 어울리는 명언을 책 표지에 적었어요.

"편견에 기반한 의견은 항상 최대의 폭력으로 지탱된다." 프랜시스 제프리Francis Jeffrey의 말이에요.

이렇게 아이의 생각을 담은 그림책이 완성되었어요.

제목 정하기

마지막으로, 자신이 창작한 스토리에 어울리는 제목을 정해요. 제목을 정할 때 혼자 생각해내도 되지만, 친구들에게 읽어주고 제목 공모를 하면 좋아요.

한눈에 보는 수업

책 창작 수업안

1차시	준비 및 밑다짐	길잡이 책 고르기 그림책 비틀기
2~4차시	책 쓰기	스토리보드 작성하기 삽화 넣기 생각과 연결하기 제목 정하기

5차시	출간	책 출간하기

차시별 지도안

차시	학 습 활 동		준비물
1차시	준비 및 밑다짐	길잡이 책 고르기(3권 이하) 그림책 비틀기(짝 활동) "왜"라는 질문을 던지며 그림책 분석하기 스토리 방향(주제) 잡기	길잡이 책
2~4 차시	책 쓰기	스토리보드 짜기 삽화 넣기 생각 연결하기 제목 정하기 합평하기	B4 용지
5차시	출간	책 완성하여 전시하기	완성한 책

성장 플롯으로 책 쓰기

기승전결 구조를 갖춘, 조금 더 긴 이야기를 만들 때에는 다음과 같은 방법으로 진행해보세요.

'맨땅에 헤딩'이라는 말은 무모한 일에 도전하거나 타인의 도움이나 아는 것 없이 혼자서 어렵게 일을 해나가는 것을 비유하는 말이에요. 이 말처럼 책 쓰기를 처음 시작하는 아이들이 '무'에서 '유'를 창조해내기는 어려워요. 따라서 기존에 나와 있는 성장 동화를 분석해보면서 자신의 이야기로 바꿔 쓰기를 해보면 훨씬 수월하게 책 쓰기에 접근할 수 있어요.

성장 플롯을 지닌 책을 아침 활동 시간이나 한 권 읽기 시간을 활용해 함께 읽어봅니다.

준비

성장 플롯 구조를 갖춘 그림동화 또는 동화, 영화

밑다짐

책을 읽고 스토리 구조를 분석해본 뒤 스토리 곡선을 그려봐요.
강민경 작가의 『아드님, 진지 드세요』의 스토리 구조를 살펴볼까요?

범수는 할머니, 엄마, 누나에게 반말을 사용한다. 몇 번 꾸중을 들어도 바뀌지 않는다. (기)

어느 날 엄마가 범수를 왕자 대접을 하며 존칭어를 사용한다. 범수는 기분이 썩 나쁘지 않다. (승)

그런데 마트에서 엄마가 범수에게 존칭을 하는 모습을 보고, 다른 사람들이 엄마를 혼을 낸다. 자식 교육을 제대로 시키지 못하고 오냐 오냐 키운다면서 말이다. 더욱이 태권도 학원비를 내러 온 엄마가 범수에게 존칭을 쓰자 친구들이 "범수 엄마는 하녀다"라고 놀리기까지 한다. 범수는 울음을 터트린다. (전)

범수가 반말하는 버릇을 고치게 된다. (결)

스토리 곡선으로 나타내보면 다음과 같아요.

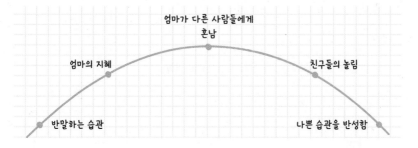

엄마가 다른 사람들에게
혼남

엄마의 지혜   친구들의 놀림

반말하는 습관   나쁜 습관을 반성함

　이처럼 미숙하게 여겨졌던 어떤 부분이 원인이 되어 사건이 일어나고, 그 사건을 해결해가는 과정 속에서 주인공이 성장하는 구조예요.

　동화책은 분량이 많아 부담스럽다면 그림책에서도 이런 성장 플롯을 찾아볼 수 있어요. 『겁쟁이 빌리』의 스토리 구조를 살펴볼게요.

> 빌리는 겁이 많아요. 모든 것이 걱정되거든요. (기)
>
> 엄마, 아빠의 따뜻한 말에도 걱정이 사라지지 않아요. (승)
>
> 할머니 댁에 갔는데, 할머니가 자신이 어릴 때 썼던 방법을 알려주죠. 걱정 인형에게 걱정을 주면 된다고 했어요. (전)
>
> 빌리는 걱정이 조금씩 줄어드는 게 느껴졌어요. (결1)
>
> 그런데 이번에는 걱정 인형이 걱정이 됐어요. 자신의 걱정을 다 가져갔잖아요. (전)
>
> 빌리는 생각했죠. 걱정 인형의 걱정 인형을 만들어주면 되겠다. 빌리는 그제야 걱정을 날려버리고 편안하게 잘 수 있었죠. (결2)

빌리는 걱정이 많은 아이에서, 할머니와 걱정 인형(수호자)을 만나 걱정을 덜어낼 수 있는 힘을 지닌 아이로 성장하게 돼요.

물론 플롯에는 여러 가지가 있어요. 변신, 변모, 성장, 성숙 플롯 등이 있지요. 이 책에서는 인간의 심리적 변화를 통해 성향, 행동 등이 변하는 것을 '성장 플롯'으로 통합해서 살펴볼게요.

많은 이야기에서 성장 플롯을 적용하고 있어요. 두 스토리의 공통점은 두 번의 갈등이 있다는 점이에요. 『아드님, 진지 드세요』에서는 마트와 태권도장에서 두 사건을 통해, 『겁쟁이 빌리』에서는 걱정이 사라지는가 싶더니 다시 걱정이 생겨나는 두 번의 갈등을 겪으며 주인공이 성장하죠. 이는 글쓰기에서 일종의 탈출 법칙이에요. 두 번의 고비를 겪고 성공하는 스토리 전개의 법칙이죠. 꽤 흥미롭죠?

탈출 법칙이 아니더라도, 한 번에 성공하고 이야기가 끝나면 긴장감이 없잖아요. 긴장감이 없다는 것은 스토리가 시시하다는 거예요. 즉, 독자의 호기심을 끌 수 없다는 것이지요.

책 쓰기

① 주인공을 창조해요.

	결점 :
	행동 특징:
이름:	말 특징:

② 주인공의 결점으로 인해 일어날 수 있는 사건 일지를 적어봅니다.

사건 1

언제(When)	
어디서(Where)	
누구를(Who)	
어떻게(How)	
무엇을(What)	
왜(Why)	

사건 2

언제(When)	
어디서(Where)	
누구를(Who)	

어떻게(How)	
무엇을(What)	
왜(Why)	

③ 사건 발생을 위한 인물 관계도를 작성해요.

사건 발생을 위한 인물 관계도

④ 스토리 곡선에 등장인물과 사건을 원인과 결과를 생각하며 넣어봅니다.

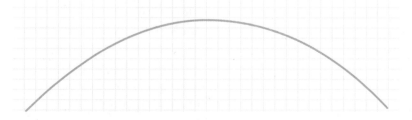

④ 스토리보드를 간략하게 작성해요.

⑤ 스토리보드가 작성되면 오려서 가제본 책을 만들어요. 스토리가 있
   는 책이므로 스토리의 개연성, 삽화와의 조화를 한 번 더 점검해요.

다음은 성장 플롯에 맞춰 이야기를 전개해본 학생의 작품이에요.

성장 플롯을 적용한 책 완성!

이 책을
누군가에게 당한 일 생각으로
종일
주먹을 불끈 쥐고
콧김을 씩씩 불고 있는
당신에게 바칩니다.

심심한 것을 1분 1초도
견디지 못하는 토끼가 살고 있었어요.
바로 장난토끼죠.
장난토끼 이야기를 함께 들어볼래요?

그날도 장난토끼는 너무 심심했어요.
"어떤 장난을 칠까?"
곰곰이 생각했죠.
"아하!"
기발한 생각이 떠올랐어요.

어머 어머, 저기 좀 보세요.
장난토끼가
자판기에서 음료수를 뽑은 후
거기에 소금을 몽땅 넣고 있네요.

장난토끼 옆집에는 더장난토끼가 살고 있었죠.
바로 저기 더장난토끼가 오고 있네요.
"목마르지? 이거 마셔!"
장난토끼는 더장난토끼한테 음료수를 내밀었어요.
"네가 웬일이니? 여하튼 고마워!"
더장난토끼는 활짝 웃으며 받아 마셨어요.

"우웩, 이게 뭐야?"
더장난토끼는 입안에 머금은
음료수를 뱉었어요.
혀끝에 남아 있는 짠맛 때문에
울상이 되었어요.
장난토끼는 신이 났죠.

집에 돌아간 더장난토끼는 여전히 화가 났어요.
"눈에는 눈, 장난에는 장난이지."
더장난토끼는 곰곰이 생각했죠.
"아하, 그게 좋겠다."
더장난토끼는 씨익 웃었어요.

다음 날 더장난토끼는 사자탈을 쓰고 문 뒤에 숨어 있었어요.
장난토끼가 저 멀리서 신나서 걸어오는 것이 보였지요.
장난토끼가 점점 다가왔어요.
장난토끼가 가까이 왔어요.
"으르렁!"
더장난토끼는 큰 소리를 지르며 나갔어요.
장난토끼는 너무 놀라 뒤로 '꽈당' 넘어졌어요.
장난토끼는 '엉엉' 울었어요.
더장난토끼는 신이 나서 히죽히죽 웃었어요.

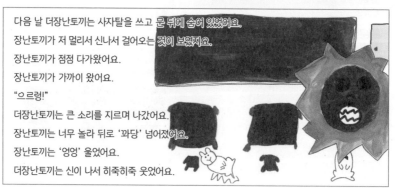

장난토끼는 분이 풀리지 않았어요.
그래서 곰곰이 생각했죠.
종일 생각했어요.
"아하, 그래 그게 좋겠다."
다음 날 장난토끼는 더장난토끼가
지나가는 길에 함정을 팠어요.
아주아주 깊게 팠지요.
그리고 사다리를 타고 올라왔어요.

함정을 곧 부러질 나무판으로 막아놓았어요.
그리고 나뭇잎으로 감쪽같이 덮어두었지요.
장난토끼는 더장난토끼가 오기만을
나무 뒤에서 기다렸죠.
드디어 저 멀리에서 더장난토끼가
오고 있었어요.
장난토끼는 히죽 웃었어요.

그런데 웬일인지
함정 위에 더장난토끼가 그대로 서 있는 거예요.
'이상하다.'
장난토끼는 고개를 갸웃하고는 나무 뒤에서 나왔어요.
"안녕!"
장난토끼는 함정 위로 걸어가 '쿵' 뛰었어요.
'내가 더 세게 뛰어야지!'
더장난토끼는 더 힘차게 뛰었어요.
그렇게 둘은 서로 질세라
더 힘차게 뛰었어요.

그러자
함정이 와르르륵 무너졌어요.
장난토끼와 더장난토끼는 아래로
떨어지고 말았죠.
"살려주세요!"
"살려주세요!"
둘은 깜깜한 동굴 안에서 엉엉 울었답니다.

눈에는 눈을 고집한다면
모든 세상의 눈이 멀게 된다.
—마하트마 간디

이 책을 쓴 어린이 작가는 장난을 좋아하는 자신의 성향을 장난토끼와
더장난토끼라는 인물로 설정해, 서로 더 심한 장난을 치다 결국은 후회하
며 반성한다는 이야기를 만들었어요.

마지막 문구로 "눈에는 눈을 고집한다면 모든 세상의 눈이 멀게 된다"는
마하트마 간디의 말을 연결했어요. 성장 플롯을 멋지게 적용한 예이지요.

한눈에 보는 수업

책 창작 수업안

1차시	준비 및 밑다짐	분석할 책을 골라 읽기(아침 활동 시간 활용) 스토리 구조와 스토리 곡선 그리기
2~7차시	책 쓰기	주인공 창조하기 사건 일지 작성하기 인물 관계도 만들기 스토리 곡선과 스토리보드 짜기 가제본 책 만들기
8차시	출간	책 출간하기

차시별 지도안

차시		학 습 활 동	준비물
1차시	준비 및 밑다짐	분석할 책 고르기 스토리를 분석하여 스토리 곡선에 나타내보기	성장 그림책 성장 동화책
2~7 차시	책 쓰기	주인공 결점과 행동, 말 등을 구체적으로 설정하기 결점으로 인해 벌어질 수 있는 사건 일지 적기 사건이 일어나기 위해 필요한 주변 인물 정하기 스토리 곡선 그리기 스토리보드 짜기 가제본 책 만들어 점검하기	B4 용지
8차시	출간	책 완성하여 전시하기	완성한 책

11

모험 플롯으로 책 쓰기

교실에서 아이들과 문장 잇기 놀이를 하면 아이들은 어김없이 어딘가로 떠나고 누군가를 만나곤 해요. 그 '어디'와 '누구'가 현실의 제약을 전혀 받지 않아요. 이처럼 아이들은 본능적으로 모험 이야기를 좋아해요.

큰 인기를 끈 영화를 살펴볼까요? 〈인사이드 아웃〉은 기쁨이와 슬픔이가 본부로 돌아가려는 과정을 그려냈어요. 〈주먹왕 랄프〉는 랄프가 메달을 되찾기 위한 과정 중에 일어난 사건이죠. 〈라푼젤〉, 〈해리포터〉 시리즈, 〈겨울왕국〉 등 모험 이야기가 참 많아요.

모험 플롯은 동화에서 가장 많이 사용되고 가장 기본이 되는 이야기 구조예요. 모험 플롯을 적용한 이야기를 살펴볼게요.

준비

모험 플롯을 사용한 이야기

밑다짐

『걸리버 여행기』에서 걸리버는 배가 난파되어 소인국에 갔다가 소인국에서 공로를 인정받아 배를 얻어 떠나요. 그런데 도착한 곳은 대인국이에요. 대인국에서 수모를 당하다 신세를 한탄하고 있을 때 새가 날아와요. 새의 다리를 잡고 대인국을 탈출해 돌아온 후 자신의 여행기를 쓰는 내용이에요. '떠남-흥미로운 상황-돌아옴'의 구조이지요.

『장화 신은 고양이』를 볼까요. 아버지가 세상을 떠나자 막내아들에게는 고양이만 남아요. 그나마 형들에 의해 쫓겨나요(떠남). 고양이와 함께 겪는 흥미로운 상황이 전개돼요.

이처럼 모험 플롯은 '떠남-흥미로운 상황이 펼쳐짐-돌아옴'의 단순 구조예요. 여기서는 주인공의 심경 변화나 성장이 아니라 단순 모험인 여행에 초점을 맞추고 있어요.

> 모험 플롯은 모험 자체에 의미가 있어요. 따라서 돌아온 후 부자가 되었다든지, 착한 사람이 되었다든지 하는 주인공의 변화는 중요하지 않아요.

책 쓰기

① 등장인물과 등장인물이 떠나야만 하는 상황을 설정해요(떠남). 자기 의도와 다르게 떠나야 하는 상황에 놓인 주인공이겠지요. (하수구에 빠진 아이가 모험을 떠난다, 주인에게 버려진 개가 모험을 한다, 작아져버린 인간이 모험을 하게 된다, 장난감이 모험을 떠난다 등 무궁무진하지요.)

② 어디로 떠날지 생각하며 다음 표를 작성해요(흥미로운 상황).

장소	장소의 특징	모험 거리

③ 등장인물이 모험을 즐기고 돌아와요(돌아옴).

모험 플롯을 적용한 책 완성!

한눈에 보는 수업

책 창작 수업안

1차시	준비 및 밑다짐	모험 이야기 분석하기
2~7차시	책 쓰기	주인공 창조하기 떠나야 하는 이유 정하기 모험 상황 설정하기 스토리 곡선과 스토리보드 짜기 삽화를 넣어 책 만들기
8차시	출간	책 출간하기

차시별 지도안

차시		학 습 활 동	준비물
1차시	준비 및 밑다짐	분석할 이야기 고르기 스토리를 분석하여 모험 플롯 구조 파악하기	모험 이야기
2~7 차시	책 쓰기	떠나야 하는 상황과 주인공 창조하기 주인공에게 펼쳐질 모험 정하기 스토리 곡선 그리기 스토리보드 짜기 가제본을 만들어 점검하기	B4 용지
8차시	출간	책 완성하여 전시하기	완성한 책

명언으로 책 쓰기

'명언'을 사전에서 찾아보면 '사리에 꼭 들어맞는 훌륭한 말, 널리 알려진 말'이라고 풀이되어 있어요. 인터넷 서점 검색창에 '명언집'이라고 쳐보면 수많은 책들이 나와요. 보노보노 명언집, 카네기 명언집, 동양 명언집, 어린 왕자 명언집, 토마스 아퀴나스 명언집 등 그 종류도 다양하고, 주제별로도 성공 명언집, 마음을 달래주는 명언집 등 다채롭지요.

물론 원작을 읽고 자신에게 와닿는 문구를 기록해놓고, 기록해놓은 것을 곱씹으면서 의미를 해석하고 자신의 삶에 실천해보는 것만큼 좋은 방법은 없어요. 하지만 아이들에게 토마스 아퀴나스의 『신학대전』, 노자의 『도덕경』, 간디의 『자서전』 등을 읽고 와닿는 문구를 메모하라는 요구는 무리예요.

회화, 건축, 철학, 시, 조각, 작곡, 물리학, 기하, 해부학 등 여러 분야에서 재능과 업적을 남긴 레오나르도 다빈치는 "아는 것이 적으면 사랑하는 것이 적다"라는, 대상을 알아야 사랑도 할 수 있다는 의미심장한 말을 남겼어요. 어떤 명언을 접하고 감동을 받으면 그 명언을 남긴 인물이 궁금해지기도 하지요. 간디의 명언을 읽고 나면 간디에 대해 더 알고 싶어 간디가 남긴 책을 찾아보게 돼요. 이 또한 위대한 인물과의 첫 만남이 아닐까요?

준비

명언 카드, 캘리그래피용 붓펜, 캘리그래피용 종이

밑다짐

처음에는 아이들 앞에 명언이 적힌 카드를 펼쳐놓아요. 명언에 대한 개념이 분명하지 않기 때문에 먼저 감각적으로 느끼게 해주는 거예요.

① 펼쳐진 카드 중에서 자신에게 와닿는 명언이 적힌 카드를 고르게 해요.

② 왜 이 문구가 자신에게 와닿았는지 짝과 이야기 나눠요.

③ 짝을 바꿔가면서 서로 이야기를 나눠요. (3회 정도 진행해요.) 활동 중에 명언 카드를 바꾸고 싶은 아이가 있으면 얼마든지 바꾸도록 해요.

④ 자신이 선택한 명언을 주제로 캘리그래피 그리기 활동을 해요. 반드시 캘리그래피로 하지 않아도 괜찮아요. 명언을 읽고 떠오르는 그림을 그려봐요.

책 쓰기

자신이 선택한 명언을 스토리화하는 작업을 진행해요. 그 명언이 떠오르는 경우나 그 명언을 제시해주고 싶은 상황을 떠올리며 스토리 곡선을 짜고, 스토리보드를 완성하게 해요.

한 학생의 활동을 예시로 들어볼게요. 이 아이는 명언 카드 중에서 '세월부대인歲月不待人', 즉 '세월은 사람을 기다려 주지 않는다'는 도연명의 문장을 골랐어요.

그리고 인물 설정과 스토리 전개 방향을 설정해요. 이때 짝 활동으로 끊임없이 이야기하게 해요.

시간이 간다는 것은 나이를 먹어간다는 거잖아.	→ 나이는 계속 먹어가지만 걱정 때문에 오늘을 즐기지 못하는 사람에게 필요한 말인 것 같아.	→ 그래서 등장인물은 걱정만 하면서 나이가 들어가는 사람으로 해볼래.	→ 그리고 마지막 묘비명에 이 명언을 새겨서 자손에게 남기면 좋을 것 같아.

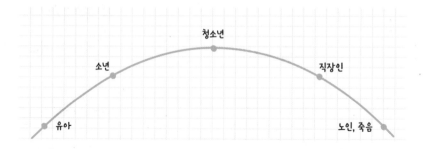

이렇게 연령대별로 스토리 곡선을 간단히 구상하고, 스토리보드에 유아기 때 걱정하는 상황, 소년기에, 청년기에, 장년기에, 노년기에 걱정하는 상황을 좀더 자세히 그려 넣었어요.

명언을 활용한 나만의 책 완성!

이 책을 염려가 많은 어린이에게 바칩니다.
염려란 몸과 마음이 분리된 상태로
몸은 놀이터에 있으면서 마음은
학교 숙제를 걱정하는 상태를 말합니다.

나는
오늘도
잠을 못 잤어.
"응애, 응애."

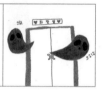

화장실에서
유령이
나올까 봐!

나는
오늘도
잠을 못 잤어.

천장에서 애벌레가 떨어질까 봐!		나는 오늘도 잠을 못 잤어.	
내일 선생님이 발표를 시킬까 봐!		나는 오늘도 잠을 못 잤어.	
내일 아침 회사에 지각할까 봐!		나는 오늘도 잠을 못 잤어.	
내일 지진이 일어날까 봐!	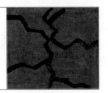	나는 오늘도 잠을 못 잤어. 오늘이 내 인생의 마지막 날이거든.	
유언을 남겼지. 내 비석에 적어 넣으라고 당부를 했어.			

歲月不待人(세월부대인)
세월은 사람을 기다려주지 않는다.
—도연명

명언과 연결하면 이야기의 주제를 잡기가 조금 수월해져요. 명언 속에는 인간의 보편적인 고민과 걱정에 대한 통찰이 들어 있기 때문이에요.

> 명언 카드에 적힌 명언은 꼭 위인들의 말로 국한하지 마세요. 책 속 문장도 좋아요. '책 속 한줄' 사이트나 핀터레스트 어플을 활용할 수 있어요.

한눈에 보는 수업

책 창작 수업안

1차시	준비 및 밑다짐	마음에 쏙 드는 명언 카드 뽑기 명언 캘리그래피 그리기
2~7차시	책 쓰기	자신이 뽑은 명언 카드를 주고 싶은 주인공 설정하기 사건 만들기 스토리 곡선과 스토리보드 짜기 삽화 넣기
8차시	출간	책 출간하기

차시별 지도안

차시		학 습 활 동	준비물
1차시	준비 및 밑다짐	마음에 드는 명언 카드 뽑기 명언을 스토리화하는 연습하기 나만의 명언 캘리그래피 그리기	명언 카드

차시		학 습 활 동	준비물
2~7 차시	책 쓰기	명언 카드를 주고 싶은 주인공 창조하기 주인공이 벌일 만한 사건 만들기 스토리 곡선과 스토리보드 짜기 삽화 넣기	B4 용지
8차시	출간	책 완성하여 전시하기	완성한 책

드디어
책 완성

아이들과 만든 특별한 책을 어떻게 소개하면 좋을까요?

아이들과 책을 만드는 작업은 생각보다 교사의 손이 많이 필요해요. 특히 저학년은 컴퓨터를 잘 다루지 못하기 때문에 스토리를 짜고 그림 그리는 활동 이후의 작업은 교사가 해주어야 하지요. 그래도 책이 만들어지는 것을 보고 좋아하는 아이들을 보면 멈출 수 없어요. 이제 조금만 힘을 내세요. 거의 다 왔어요.

1 원화를 그림 파일로 만들기

낱장의 그림이 책이 되기 위해서는 원화를 그림 파일로 만들어 컴퓨터에 저장해야 해요.

휴대폰으로 사진 찍기

휴대폰 카메라나 스캐너 어플을 이용해 사진을 찍을 수 있어요. 휴대폰 카메라는 사용하기 쉽고 화질이 좋아 편리하게 이용할 수 있지요. 하지만 휴대폰을 이용해 사진을 찍으면 그림자가 생기거나 명암이 불분명해 그림의 색감을 정확히 살려내지 못할 수도 있으니 주의해야 해요.

카메라나 사진 어플을 활용해 그림을 여러 번 찍어본 후 가장 좋은 사진 파일을 선택해요.

스캐너로 그림 스캔하기

학교의 복합기나 스캐너를 활용해 그림을 스캔할 수 있어요. 스캐너를 활용할 때에는 원화의 색과 종이의 질감을 최대한 살릴 수 있도록 300dpi 이상으로 설정하고, 편집이 가능하도록 JPEG 파일로 저장해야 해요.

복합기의 경우 색연필의 연한 색이나 질감을 담아내지 못하는 경우도 있어 전문가용 스캐너를 활용하는 것이 좋아요.

인쇄 업체 활용하기

휴대폰이나 학교 스캐너로 원화의 느낌을 제대로 담을 수 없다면 인쇄 전문 업체를 이용해요. 인쇄 업체에 원화를 보내면 스캔해서 파일로 보내 줘요. 원화 뒷장에 번호를 매겨 작품별로 묶어서 보내면 돼요. 보통 장당 1,000원~3,000원의 비용이 발생해요.

2 그림 보정하기

파일로 변환했다면 그림 파일을 한 장 씩 살펴봐야 해요. 그림책을 펼쳤을 때 그림과 글을 양면에 배치하면 어떨지 위치와 크기를 가늠하며 그림을 보정하면 돼요. 낙서가 있거나 그림이 너무 밝거나 어

파워포인트에서 '서식' 메뉴의 '도구'를 활용하면 배경 제거, 수정, 색 보정, 그림 효과, 자르기 등 다양한 편집 작업을 할 수 있어요.

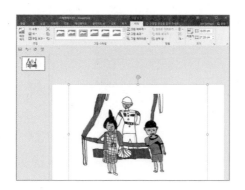

두운 경우 보정을 해야 해요. 주로 포토샵과 포토스케이프 등 사진 편집 프로그램을 활용해요.

지우기, 잘라내기, 붙이

기, 간단한 색칠 등은 그림판과 파워포인트를 활용하여 작업할 수 있어요.

3 그림에 글 넣기

그림책을 만들려면 그림책의 형식을 갖추는 것이 좋아요. 앞표지, 뒤표지, 책등, 작가의 말, 서지 정보, 면지, 그리고 본문에 그림과 글을 넣어야 책으로서 형식을 갖추게 됩니다.

앞표지에는 제목, 표지 그림, 지은이, 출판사 이름을 넣고, 뒤표지에는 책 내용 또는 주제를 소개하거나 그림을 넣어요. 책등에는 책 제목, 지은이, 출판사 이름이 들어가요.

작가의 말에는 책을 쓰게 된 이유, 독자에게 하고 싶은 말, 책의 내용 등을 담아요. 서지 정보를 담은 간기면은 다음의 형식을 참고하여 다양하게 쓸 수 있어요.

팔짝 폴짝 대만 여행

발행: 2019년 8월 1일

지은이: 유수호, 김아영, 김무연

펴낸 곳: 공지락출판사

편집: 김점선

이메일: cider@hanmail.net

이 책은 저작권법에 의하여 한국 내에서 보호를 받는 저작물이므로 무단 전재 및 복제를 금합니다.

이제 책의 판형을 결정해요. 보통 책 만들기 기획 단계부터 판형을 정해놓고 작업을 하기 때문에 그림 사이즈에 알맞은 판형을 선택하면 돼요. 그림책은 보통 크라운판~A4 판형을 주로 이용합니다.

> 길잡이로 삼을 그림책을 놓고 형식을 따라 하면 도움이 돼요. 규격화된 판형이 아니라면 인쇄 업체마다 제공하는 판형이 다른 경우가 있기 때문에 계획 단계에서 미리 확인해보는 것이 좋아요.

그림책의 형식, 판형이 결정되었으면 이제 편집을 해봐요. 책을 편집하기 위해서는 사진 인화 사이트를 이용하는 방법과 파워포인트나 인디자인을 활용하는 방법이 있어요.

사진 인화 사이트의 포토북 제작 이용하기

인터넷의 사진 인화 사이트를 활용하면 비교적 간단하게 그림책을 만들 수 있어요. 책 편집 프로그램에 서툴고 한두 권만 만들 때 활용하기 좋아요. 자체 프로그램에 그림과 글을 넣고 인쇄를 맡기면 며칠 후 책으로 받아볼 수 있어요.

찍스, 스냅스, 퍼블로그 등에서 포토북 만들기로 인쇄하면 돼요. 포토북은 사진 인화 사이트마다 판형이 다르므로 학생들의 그림 크기에 맞게 주문해야 해요.

'파워포인트'로 작업하기

그림을 간단히 편집하고 글을 넣는 작업은 파워포인트로도 충분히 할 수 있어요. 본문 파일과 책 표지 파일을 따로 작업해요.

① 파워포인트를 열어 '디자인'→'슬라이드 크기'를 클릭해요. 슬라이드 크기는 그림책 판형 크기+0.3mm로 변경하면 됩니다.

② 본문 파일의 각 페이지에 그림과 글을 넣어요.

③ 책 표지 파일에 제목과 저자, 출판사를 넣어 앞표지와 책등, 뒤표지를 완성해요.

④ 작업한 완성본은 '내보내기'→'PDF/XPS문서 만들기'를 클릭하면 PDF로 만들어져요. 본문 파일과 책 표지 파일을 만들어요.

인쇄를 맡길 때 기본 파일 형식은 PDF입니다. 어떤 프로그램으로 작업했든 인쇄 업체에서는 PDF만 받아요.

⑤ PDF를 인쇄 업체에 전달해 제작을 의뢰해요.

'인디자인'으로 작업하기

인디자인은 인쇄물을 만드는 전문 프로그램이에요. 인디자인 프로그램을 구매하지 않았거나 교육을 받지 않았다면 사용하기에 어려움이 있어요. 지속적으로 책을 만들 생각이라면 인디자인을 배워보는 것을 권장해요. 다양한 레이아웃을 적용하고 페이지를 자유롭게 배치해볼 수 있는, 책 편집에 최적화된 프로그램이에요.

① 인디자인를 열어 'Create new'를 클릭해요. 만들고자 하는 문서의 크기를 정해요.

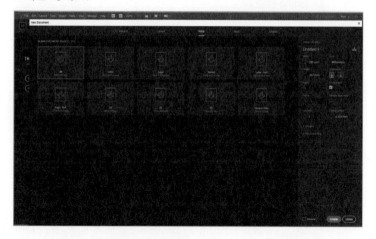

② 페이지에 그림 파일을 넣고 텍스트를 넣어요. 그림을 넣을 때에는 사각형 프레임을 그림 이미지 사이즈만큼 설정하고 그림 가져오기를 합니다.

③ 작업을 완성하면 'Export'를 클릭하고 파일 이름을 입력해요.

④ 'PDF로 내보내기'를 해서 PDF를 인쇄 업체에 전달해요.

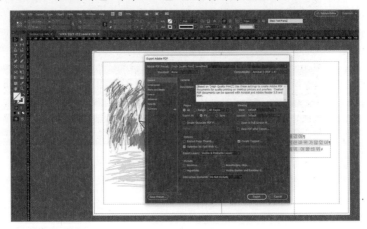

4 제본하기

사진 인화 사이트의 포토북 만들기 툴로 작업한 결과물은 해당 사이트에 제본을 맡겨요. 파워포인트나 인디자인으로 작업한 결과물은 인쇄 업체를 선정하여 제본을 해야 해요. 이 경우에는 판형,

> 인쇄 업체는 주로 북토리나 부크크를 이용해요. 여러 권을 제본할수록 권당 단가가 내려가요.

제본 방식, 표지 종류, 종이 종류, 면지 종류, 페이지 수, 제본 방향, 제작 부수를 직접 입력해야 해요.

판형

편집한 판형을 설정합니다.

제본 방식

제본 방식에는 무선 제본, PUR 제본, 하드커버, 중철 제본이 있어요. 그림책의 형태를 갖추기 위해서는 주로 하드커버를 선택해요. 두께가 있는 책은 무선 제본이나 PUR 제본, 얇은 책은 중철 제본을 해요.

무선 제본	책등 안쪽에 칼집을 넣어 접착제로 붙이는 보편적인 제본 방식
PUR 제본	특수 제본 본드를 사용해 180도 펼쳐지는 제본 방식
하드커버	두꺼운 표지(하드 커버)를 사용하는 제본 장식
중철 제본	철심이 종이의 가운데에 박히는 제본 방식

제본 방향

좌철, 상철, 우철 중 작가의 의견과 책 내용에 따라 결정해요.

용지 선택

아트지	매끄럽고 광택이 있음
스노우화이트지	부드럽고 광택이 없음
랑데뷰	부드러운 질감
아르떼	자연스럽고 부드러운 질감

본문 용지는 취향에 따라 그림책에 맞게 선택해요. 주로 평량 100g~130g 정도의 종이를 사용해요. 숫자가 높을수록 종이가 두꺼워져요. 종이 종류는 다양하므로 직접 만져보고 선택하는 것이 좋아요.

면지 종류

보통 단색 종이 중 작품과 어울리는 색을 골라 면지로 써요. 면지에 그림을 넣어 인쇄할 수도 있어요. 그림책을 그리는 과정을 면지에 담기도 해요. 그림책에서는 면지도 이야기를 끌어가는 중요한 요소이기 때문에 신중히 결정해야 해요.

드디어 책이 완성되었어요. 우리 반으로 배송된 책을 만나는 순간, 그동안의 수고로움이 모두 눈 녹듯 사라질 거예요. 교사도 아이들도 뿌듯함을 느끼는 순간입니다. 어린이 작가들이 성취감을 느끼고 책에 대한 관심과 흥미가 높아진 모습을 볼 수 있어요.

5 책 출간하기

종이 책 만들기

인쇄를 하면 한 권의 책이 돼요. 이렇게 만든 종이 책은 친구들과 함께 볼 수 있어요. 다만 학교 내에서만 공유할 수 있어 한계가 있어요.

전자책 만들기

전자책E-BOOK으로 만들 수 있어요. 전자책으로 제작하면 누구나 볼 수 있다는 장점이 있어요. 검색창에 전자책 제작을 검색하면 여러 사이트가 나와요. 그중에서 몇 곳을 살펴볼게요.

부크크

(http://www.bookk.co.kr)에서 제작할 수 있어요.

부크크 사이트에서 전자책 만들기를 이용하면 됩니다.

① 상단의 '책만들기'를 클릭해요.

② '전자책'을 클릭한 다음 전자책 업로드 파일을 클릭해요. 전자책 파일 업로드는 PDF와 EPUB 형식만 가능해요.

③ 표지는 부크크에서 제작해주는 무료 표지를 활용하거나 자체 제작한 표지를 이미지 파일로 업로드하고 승인을 요청해요.

④ 2~3일 정도 지난 후 부크크 서점에서 전자책을 확인할 수 있어요.

쿨북스

전자책을 만드는 사이트로 쿨북스(https://coolbooks.coolschool.co.kr/)도 있어요. 전자책을 만드는 방법은 두 가지예요. '새 전자책 만들기'를 클릭하면 글과 그림을 넣어 전자책을 만들 수 있어요. '파일 올리기'를 클릭하면 PDF 파일을 직접 올려 전자책을 만들 수 있어요.

① '새 전자책 만들기'를 클릭합니다.

② 먼저 책에 맞는 판형을 선택합니다.

③ 표지, 페이지를 설정하고 그림과 글을 삽입해요.

④ 글과 그림이 다 되었다면 환경 설정을 해요.

⑤ 저장하고 나가면 전자책이 생성된 것을 볼 수 있어요.

'파일 올리기'를 눌러 만든 PDF 파일을 올리면 바로 전자책이 생성돼요. 전자책은 SNS로 공유하거나 QR 코드로 연결해 누구나 볼 수 있어요.

6 ISBN 등록하기

전자책이나 종이 책을 유통시키기
위해서는 서지정보유통지원시스템에서
ISBN을 발급받아야 해요. 우리에게 주민
등록번호가 있듯이 책은 국제표준도서
번호인 ISBN^{International Standard Book Nomber}을
등록해야 정식으로 책이 됩니다. ISBN을
발급받기 위해서는 출판 사업장 등록이

> 어린이 작가 책을
> 판매용으로 제작하는 것은
> 비용과 수익에서 문제가
> 발생할 수 있기 때문에, 어린이
> 작가와 편집자인 교사가
> 충분히 의견을 나누어야 해요.

필요해요. 우리는 따로 출판사가 없기 때문에 대행업체를 이용할 수 있어
요. 대행업체인 부크크의 예를 들어볼게요.

부크크에서 책 만들기를 해서 인쇄를 했다면, 마지막 단계에서 ISBN 등
록에 체크하면 돼요. 이미 인쇄된 전자책이나 종이책은 'ISBN 등록하기' 또
는 부크크의 'ISBN 등록 대행 서비스 이용하기'를 통해 ISBN을 받아 책으
로 판매할 수 있어요.

7장

책 전시회에
초대합니다

책 전시회 열기

출간한 책을 발표하는 전시회를 열어요. 마치 미술관에 작품을 전시하는 것처럼 책을 멋지게 전시해요.

학교 행사 중 학부모 초청 행사 활동(교육과정 설명회, 교육과정 성과 발표회 등) 때 전시회를 열어도 좋아요. 학교가 소재한 곳에 전시장이 있다면 빌려서 전시회를 열어도 좋아요.

전시 공간에서 책 전시회 열기   학예회 때 출판기념회 열기

출판기념회 하기

어린이 작가들이 자부심을 느낄 수 있도록 축하하는 분위기를 만들어
요. 어린이 작가가 직접 그림책을 읽어주고, 작가가 '나만의 베스트 장면'을
소개하는 시간을 가져봅니다.

출판기념회에서 책을 본 독자들이 독자 엽서를 작성하는 코너도 만들

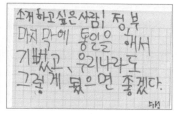

나만의 베스트 장면   그림책 읽기   책을 소개하고 싶은 독자에게 메모 남기기
소개하기

책 함께 보기　　　　독자 엽서 쓰기　　　　독자 엽서 매달기

어요. 이렇게 작가와 독자가 소통하는 시간을 마련해 어린이 작가는 자부심을, 독자는 감동과 재미를 느끼게 되지요.

　　그 외에 작가에게 질문하기, 서평 달기, 작가와 함께 사진 찍기, 작가 사인회 등 다양한 프로그램을 통해 책, 작가, 독자가 하나가 될 수 있는 자리를 마련해요.

도서관에 책 진열하기

　　어린이 작가가 서명한 책을 학교 도서관과 마을 도서관에 기증해요. 도서 바코드를 붙여 도서관 서가에 책을 배치해요. 책에 바코드가 붙는 순간 아이들이 책에 대해 느끼는 소중함은 두 배가 돼요.

　　도서관에 배치된 무수히 많은 책들이 모두 힘든 창작 과정을 거쳐 나온 것이라는 것을 깨달아서인지 책을 보는 아이들의 눈이 달라집니다. 책

어린이 작가 사인회 　　　　　　　　　서가에 배치된 책

을 더욱 소중히 다루게 되는 것은 물론이고, 책을 볼 때 작가의 마음으로 책을 보게 돼요. '이 작가는 어떻게 이런 내용을 쓰게 됐을까?' '이 작가는 이 스토리 구조로 썼네. 여기서 반동인물은 누구지?' '이 책의 삽화는 단순하지만 깊이가 있어.' 이와 같은 생각을 하면서 책을 읽게 되지요.

　또 어린이 작가들은 도서관에 자주 가요. 자신의 책을 누가 읽고 있는지, 어떤 반응을 보이는지 궁금해서 말이죠. 굳이 "책 좀 읽어라", "도서관에 좀 가라" 하고 말하지 않아도 아이들 스스로 책을 읽고 도서관을 찾아가요. 책과 부쩍 친해지는 모습을 볼 수 있어요.

책을 통한 성장

　도서관에 배치한 어린이 작가의 책에는 포스트잇을 붙여놓아요. 독자

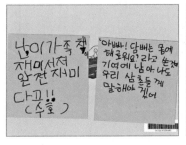

독자 서평

가 책을 읽고 인상 깊은 부분, 재미있었던 부분, 생각이나 느낌을 언제든 포스트잇에 적을 수 있어요. 여기서 독자는 책 쓰기 활동을 함께한 어린이 작가, 친구들, 학부모님, 선생님 등이에요.

어린이 작가는 독자의 반응을 살피며 독자와 끊임없이 소통하고, 피드백을 보면서 창작력을 향상시켜요. 그리고 이렇게 이야기해요.

"선생님, 우리 또 책 써요. 제가 생각한 이야기는요……."

그렇게 다음 작품에 대한 구상을 시작해요.

독자는 또래가 만든 책을 읽으며 공감대를 깊이 형상하게 되고, 책이 재미있다고 느끼게 돼요. 어른 작가가 쓴 이야기보다 자신들의 마음을 더 잘 이해하고 자신들의 생활을 그대로 반영하고 있으니 당연하지요. 독자는 '나도 이야기를 써보고 싶다'라는 창작 의욕이 샘솟아요.

어린이 작가가 책 한 권을 쓴다고 해서 하루아침에 큰 변화가 나타나지는 않아요. 자기도 모르게 세상에서 소재를 찾아내는 관찰력, 스토리를 구성하는 창의력, 자신의 생각을 언어로 표현하는 표현력, 독자의 마음을 고려하는 공감력을 기르게 돼요. 책을 쓰는 과정 속에서 진심으로 책을 사랑하는 마음을 가지게 되지요.

어린이 작가가 성장하는 모습을 지켜보면서 선생님 또한 감동을 느낄 수 있고, 이는 책 쓰기 수업에서 덤으로 얻는 기쁨이랍니다.

에필로그

우리에게 책 쓰기란

따듯한 햇살이 창문으로 들어오려는 날, 교실에서 재잘거리며 자신의 이야기를 써 내려가는 아이들을 물끄러미 쳐다봅니다.

어떤 아이는 자신의 감정을 그대로 옮겨 담은 책을 쓰고, 어떤 아이는 자신의 경험을 그대로 옮겨 담은 책을 써요. 어떤 아이는 자신이 터득한 삶의 지혜를 담은 책을 쓰기도 하죠. 어떤 아이는 재미있는 상상을 담은 책을 써내고요.

어느 누구도 같은 글을 쓰지 않아요. 아이들이 창작해낸 많은 책들처럼 아이들마다 자신의 이야기를 써 내려갑니다.

나를 사랑하는 방법

들려줄래?

웃음공장

선생님을 화나게 하는 법

시옷시옷

www. 장바구니

지름길

엉레리살레리

땅맞이꽃

꼬마기차

백만 볼트 기억

한 줄의 생각

별이 된 왕자

알면 자꾸는 인문 생각

슬라임 수영장

나는 오늘도

프레임

작은 것의 반란

내 자유거든

돌이 된 나무꾼

장난토끼와 덤장난토끼

요그르트 폭폭하다

반남초등학교
학생 저자 책

242

삼기초등학교 학생 저자 책

어쩌면 당연한 것 같아요. 여러 인생이 모여 사는 곳이 교실이니까요. 여러 인생을 하나의 틀에 맞추기보다 삐죽삐죽 튀어 나오고 통통 튀어도 각자의 인생 그 자체로 소중함을 인정받을 수 있다면 얼마나 좋을까요. 이런 소박한 의도로 교실 속 책 쓰기를 시작했어요.

행복한 교실이란 무엇일까요? 교사라면 누구나 이 질문에 대해 고민해 보는 것 같아요.

무리에 묻히지 않고, 자로 잰 듯 길러내지 않고, 자신의 인생의 색깔을 제대로 드러내며 삶에서 온전히 주인이 되어보면 어떨까요? 그렇다면 어느 누구도 소외되지 않고 행복할 거예요.

자신의 이야기가 근사한 책이 되어 나왔을 때 아이들은 모두 환호성을 질러요. 모두의 얼굴에 환한 웃음이 가득하죠. 그 모습을 보면 행복한 교실에 대한 답을 찾을 수 있을 것 같습니다.

나에게 책 쓰기란 소나기다. 힘든 창작 과정은 소나기처럼 금방 지나가고, 소나기가 지나간 뒤에는 무지개가 뜨듯이 뿌듯함이 오래 남기 때문이다.

— 『가족 뽑기』의 저자 김채원(반남초 4학년)

나에게 책 쓰기란 미지의 세계를 탐험하는 것이다. 왜냐하면 미지의 세계에 대한

불안함과 걱정도 있지만, 조금만 용기를 내면 진짜 나를 만나는 짜릿한 여정이
펼쳐지기 때문이다.

—『작은 것의 반란』, 『물 만난 거부기』의 저자 정하림(반남초 6학년)

나에게 책 쓰기란 또 다른 나다. 현실에서 드러내지 못한 나의 마음과 내 이야기
를 책 속에서는 드러내고 있기 때문이다.

—『내 자유거든』, 『Color of Mind』의 저자 이성민(반남초 5학년)

나에게 책 쓰기란 군고구마다. 왜냐하면 군고구마를 무턱대고 막 한 입 먹으면
뜨거워서 입천장이 다 데인다. 책 쓰기도 이런 아픔을 겪어야 한다. 군고구마가
적당히 식으면 그때 단맛도 배가 되고 맛있다. 책 쓰기도 이처럼 완성된 내 책을
만났을 때 내 인생의 최고 날이 되는 것이다.

—『까마귀는 까맣다』, 『나의 사춘기에게』 저자 이시아(반남초 6학년)

나에게 책 쓰기란 등산이다. 왜냐하면 올라가기는 힘들지만 다 올라가서는 행복
하기 때문이다.

—『요구르트, 목욕하다』 저자 이예진(반남초 3학년)

나에게 책 쓰기란 소중한 보물을 찾아가는 여행이다.

—『나를 사랑하는 방법』의 저자 나태현(반남초 1학년)

나에게 책 쓰기란 자유로 나가는 길이다. 그 이유는 의식하지 못한 내 틀을 깨고 자유를 찾아가는 과정이기 때문이다.

—『장난토끼와 더장난토끼』 『프레임』의 저자 황준서(반남초 6학년)

나에게 책 쓰기란 '구'다. 왜냐하면 구는 끝이 없고 나의 책에 담을 수 있는 내용도 무한하기 때문이다.

—『슈퍼 보드』의 저자 이성민(반남초 3학년)

나에게 책 쓰기란 도톰한 겨울 이불이다. 만드는 순간에는 나를 따듯하게 덮어주는 이불이고, 만든 후에는 누군가의 추위를 막아줄 이불이 될 수 있을 것 같다는 기대가 들기 때문이다.

—『별이 된 왕자』『괜찮아요』 저자 박여운(반남초 6학년)

나에게 책 쓰기란 상상하게 하는 기계 같은 것이다. 상상하는 모든 것이 이루어진다.

—『지우개는 지우개』『하하호호 우리가족』『한깨비의 선글라스』의 저자 김아영(삼기초 2학년)

나에게 책 쓰기란 친구다. 매일 내 옆에서 내 이야기를 들어주고 자기 이야기를 해준다. 때로는 나를 힘들게도 하지만, 같이 하는 것이 재미있고 좋다.

—『딱 좋아, 만족해』『삼삼수박이 자라면』『컷틀렛의 저주』의 저자 안수곤(삼기초 4학년)

나에게 책 쓰기란 음…… 어른으로 나아가는 한 발이다. 책을 읽고 쓰면서 나는 조금씩 성장하고 있다.

ㅡ『궁금해가 궁금하면』 『상상수박이 자라면』 『반보기』 『지수씨 가지 먹이기 프로젝트』의

저자 한평화(상기초 4학년)

나에게 책 쓰기란 모든 것의 시작이다. 그곳에는 모든 이야기가 담겨 있다. 작가의 시작, 삶의 시작. 나의 모든 것은 다시 시작되고 있다.

ㅡ『왜 싸우는지 모르겠닭』의 저자 강수성(상기초 6학년)

나에게 책 쓰기란 재미와 짜증과 슬픔과 고민과 감동과 기쁨과 뿌듯함이야. 책을 직접 만들어보면 내 마음을 이해할 거야.

ㅡ『원래 멋진 황금이』의 저자 안유찬(상기초 6학년)

나에게 책 쓰기란 나야. 내 이야기니까. 나를 빼고는 이야기를 쓸 수 없었어. 내가 좋아하는 것, 싫어하는 것, 가족, 나에 대한 이야기야.

ㅡ『시간오토바이 부릉부릉』 『도레미파솔라시똥솔똥』의 저자 유수호(상기초 2학년)

나에게 책 쓰기란 백과사전이야. 내가 궁금했던 질문에 대한 대답이 거기에 있었어. 책을 만들면서 나에 대한 질문이 해결되는 느낌이었어.

ㅡ『지안이의 섬 여행』의 저자 정채원(상기초 5학년)

나에게 책 쓰기란 생활이야. 그 속에 나에 대한 모든 것이 담겨 있어. 책을 만들 때에는 상상을 뛰어넘는 이야기를 만들었다고 생각했는데 책을 보니 그냥 내 생활이었어.

─『신비한 시계』의 저자 김정희(삼기초 5학년)

나에게 책 쓰기란 유한한 무한이다. 작가가 정해놓은 것 안에서는 유한하지만, 독자를 만나 무한한 상상력으로 재창조되기 때문이다.

─『그 지니는 무능했다』의 저자 고한백(삼기초 5학년)

나에게 책 쓰기란 여행이야. 내 마음속, 친구의 마음속, 내가 태어나기 전, 아빠가 일하는 곳, 어느 곳이라도 갈 수 있어.

─『엄마, 달마중 가자!』『포근하고 편안해』『똑똑이가 된 깜박이』의

저자 심태경(삼기초 4학년)